…な単語で「好き」を拡散！

推しことば類語辞典

山口謠司 監修
じじぃ マンガ・イラスト

笠倉出版社

はじめに

I LOVE YOU. を夏目漱石は、「月がきれいですね」と訳したと伝えられています。本当かどうかはわかりませんが、文豪と呼ばれる漱石らしい含蓄のあるエピソードではないかと思います。

さて、「好き」の伝え方は、「好き」だけではありません。

「一緒にコーヒーを飲みたいな」でもいいし「小さなライオンが笑っているの」でもいいのではないでしょうか。

もちろん、聞き流されたり、誤解されたりしては「好き」は伝わりませんが、「好き」を伝えるのに、決まった言葉や特別な文法、語彙など本当は必要ないのです。

それは、本書に挙げられた例文を見ていただければと思います。安部公房の「みんなに好かれる　可愛い女　砂糖で固めた　バターのような娘　誰もがちょっと　さわってみたくなる」（本書50ページ）、林芙美子の「私の動脈はこんなひとにも噴水の様なしぶきをあげて来る」（91ページ）など、漱石に劣らず、作家は自分の言葉で自分の気持ちを、自分らしく書くことができるという才能をもったものなのです。

ただ、こうした独特の言い回しを自由自在にできるようにするためには、やはり「すごい！」と思う例文や語彙を知っておいたほうがいいと思います。

こうした「型」を学び、「型」を壊す方法を知り、自分なりの「好き」の表現ができるようになれば、「好き」以外でも応用を利かせることが容易になります。

ところで、「好」という漢字は、「女」と「子」が二つ組み合わさってつくられています。これは女の人が自分の子どもを抱っこしているところを描いたものです。

「ぎゅー」と、大好きな人（物）を抱きしめている気持ちをイメージしてみてください。

心のなかに温かいものが湧いてきませんか？

でも、その温かい思いは、「ぎゅー」とするほうと「ぎゅー」とされるほうの気持ちがぴったり一致しなければ、湧いてくることはありません。

漢字には「女」と「子」と書いてありますが、性別や年齢差などそんなことは全く問題ではありません。

「ぎゅー」として、温かい愛情を伝える方法の一つにあるのが「言葉」なのです。

だから、「ぎゅー」と抱きしめたい気持ちを、言葉に替えてみる、その「型」をちょっと学んで、どんどん実践していくようにすると、自分なりの「好き」の伝え方ができるようになるのではないでしょうか。

「好き」という言葉は、世界をバラ色に変えることのできる魔法の言葉です。でも、「好き」だけをあまりに連発すると、バラ色ばかりで色褪せた世界になってしまいます。

「好き」以外の言葉を使うことで、「好き」が、そのバラ色に陰翳をつけてくれることになるのです。

本書が、自分ならではの「好き」の伝え方、そしてそのための「言葉」を発見するためのナビゲーションだと思っていただければ幸いです。

山口謠司拝

巧みな単語で「好き」を拡散！

推しことば類語辞典

もくじ

第2章「きれい」「美しい」しか出てこないとき

第3章「すごい」「最高」しか出てこないとき

第4章 ネガティブな言葉の言い換え

推し事Q&A

コラム

この本の使い方

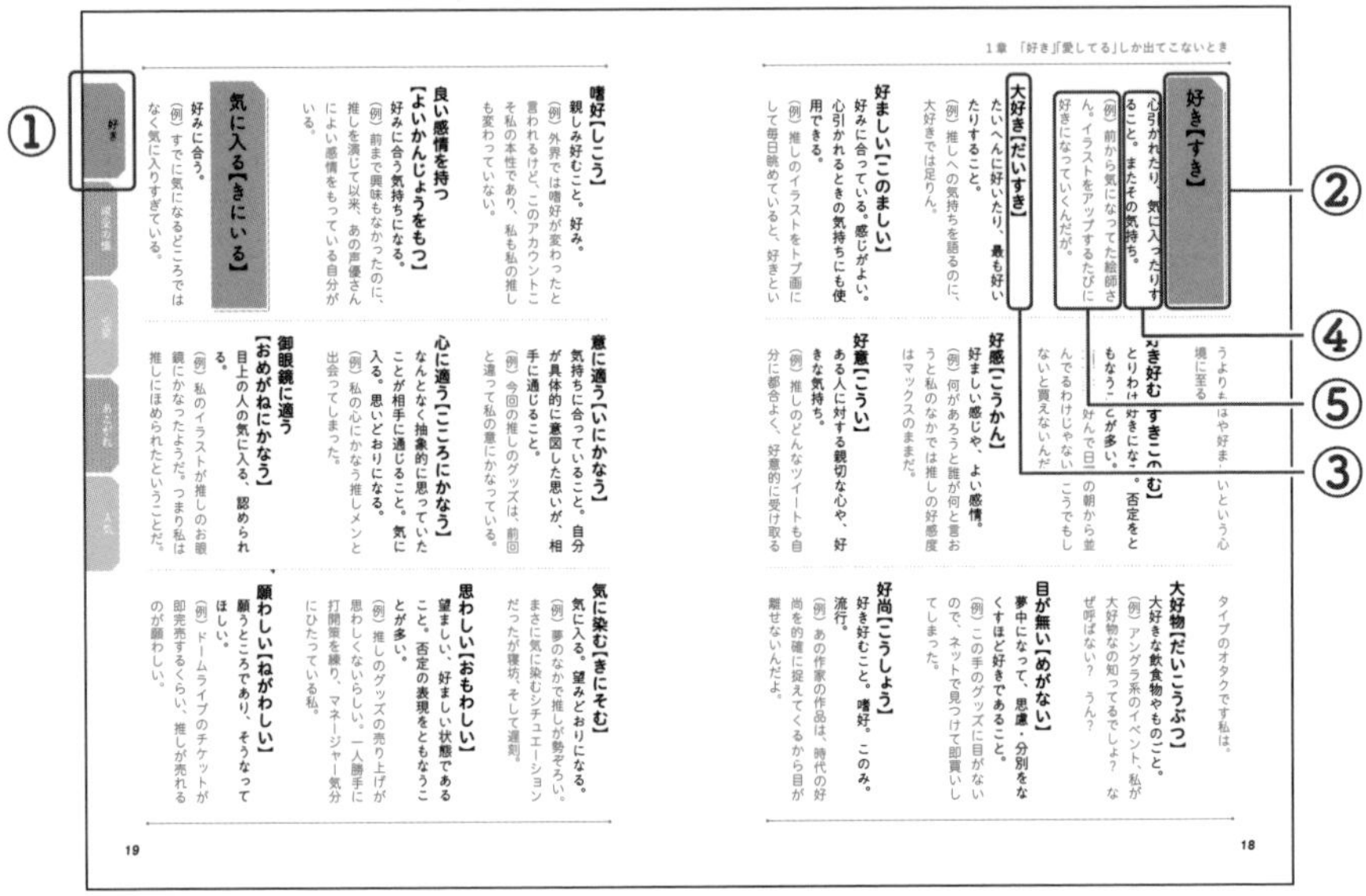

① カテゴリー

②の見出し語より大枠の分類。この部分の色が、②の色と対応している。

② 見出し語

一般的によく使われる単語をピックアップ。まずはここで自分の言いたい言葉に近いものを探し、そこから③の類語を見ていこう。

③ 類語

②の見出し語に近い意味をもつもの、似た場面で使える言葉を紹介。そのなかでも、より似たニュアンスの言葉同士が近くに並ぶように整理している。

④ 単語の意味

その単語の意味を説明。ただし、この本では好きな気持ちを伝えるための言葉を中心に説明しているので、それ以外の意味については割愛している場合がある。

⑤ 用例

この本は、日常生活のなかで気軽に人やキャラクターをほめる力を伸ばしてもらうことを目標としている。そのため、SNSや趣味に情熱を燃やしている友人同士の会話で見られるような用例を念頭に、あえて口語調の文体で紹介した。

新語について

この本の例文ではなるべく新語やインターネットスラング、インターネットミームを使うようにした。ビジネスの場面などで参考にする場合はご注意を。なかでも、次の言葉については性別を選ばない代名詞として多用している。本文に進む前に覚えておいていただきたい。

推し【おし】

「特に引き立てて応援している人や物。お気に入り」(明鏡国語辞典第三版より)

第1章

「好き」「愛してる」しか出てこないとき

素晴らしき名言

ほかのすべてがほろびても彼だけが残っていれば、あたしは存在し続けるし、ほかのすべてが残っていても彼が消えれば宇宙は大きな赤の他人になってしまう

――エミリー・ブロンテ『嵐が丘』(永川玲二訳)

「嵐が丘」に立つ屋敷の主人の娘キャサリンが、家政婦に語った愛する相手ヒースクリフに対する思い。自分と愛する人を同じもののように捉える、無垢(むく)な愛の言葉だ。

LOVE
気持ちが
でっかい
2人で1つ
ただ「好きだ」と言うよりも
重みを感じる…
はっ!!
ぐりっ…
たった一つの好きな連載を追うために月刊誌を購入するときの気持ちがこんな感じだから
ファンレターでこの表現使えるかも…
月刊深いな
急に規模の小さい話になったたな

素晴らしき名言

お菓子なら頭から食べてしまいたい位可愛い気がします

――芥川龍之介『塚本文子へ宛てた手紙』

文豪・芥川龍之介が、後に妻となる塚本文に送ったラブレターの一節。人間の内面を丁寧に描く彼の作風からは想像もつかない、率直な愛の言葉だ。

食べちゃいたいくらいかわいいor好きっていうのはよく聞くよな
友人もよく
ハムスターを口に含みたい
って言ってるし……
※イメージです
私は自分なりの最大限のほめ言葉として「素麺くらい好きだよ」とよく言うけれど
大好物「素麺」
は？
あまり伝わってない気がする…
まぁいっか素麺好きだし

素晴らしき名言

マリア、ぼくはきみが好きだ。きみがあまりかわいくて、すばらしくて、美しくて、きみといっしょにいるのが、ぼくには耐えられないくらいだ。だから、君を抱いているときなど、なんだか死にたいような気がするんだ

――アーネスト・ヘミングウェイ『誰がために鐘は鳴る』（大久保康雄訳）

スペイン内戦下、義勇兵のジョーダンは協力しているゲリラの一員マリアと恋に落ちる。命がけの任務が近づくなか、ジョーダンがマリアに告げた愛の言葉。

素晴らしき名言

私が生まれたのは、すでに二十四年生きたあとだった

——ジャン・コクトー『ジャン・マレーへの手紙』(三好郁朗訳)

フランスの詩人ジャン・コクトーと恋人のジャン・マレーがやりとりしていた手紙の中の一節。人を好きになると世界が違って見える、それを巧みに表現した言葉だ。

この表現
いい
「××に出会えて人生変わった」とはよく言うけど
こう表現したことはなかったな…
もし推しに会えることがあったら
イメージ
「私、今生まれました」って伝えてみようかな
パァァァ
急
びっくりされそう

ぼくのすべて
熱い
私自身は「あなたは私のすべて」とまで思える人にはまだ出会ったことがないな〜と思ったけれど
好きな作品が完結したら自分の人生も終わった感じがしたり
推しの死を受け入れられなかったり
生涯かけて応援したい作品に対しては
こういう気持ちがあるかもしれない……
はっ…

素晴らしき名言

ぼくはあなたと自分を個別に考えることができないのです。あなたとぼくは、ぼくにとっては一つなのです

——レフ・トルストイ『アンナ・カレーニナ』（工藤精一郎訳）

若い貴族の将校ウロンスキイが、政府高官の妻であるアンナに語った言葉。あなたはぼくのすべて、という情熱的な愛の言葉だ。

好き【すき】

心引かれたり、気に入ったりすること。またその気持ち。

(例) 前から気になってた絵師さん。イラストをアップするたびに好きになっていくんだが。

大好き【だいすき】

たいへんに好いたり、最も好いたりすること。

(例) 推しへの気持ちを語るのに、大好きでは足りん。

好ましい【このましい】

好みに合っている。感じがよい。心引かれるときの気持ちにも使用できる。

(例) 推しのイラストをトプ画にして毎日眺めていると、好きというよりもはや好ましいという心境に至る。

好き好む【すきこのむ】

とりわけ好きになる。否定をともなうことが多い。

(例) 好き好んで日曜の朝から並んでるわけじゃない。こうでもしないと買えないんだ。

好感【こうかん】

好ましい感じや、よい感情。

(例) 何があろうと誰が何と言おうと私のなかでは推しの好感度はマックスのままだ。

好意【こうい】

ある人に対する親切な心や、好きな気持ち。

(例) 推しのどんなツイートも自分に都合よく、好意的に受け取るタイプのオタクです私は。

大好物【だいこうぶつ】

大好きな飲食物やものごと。

(例) アングラ系のイベント、私が大好物なの知ってるでしょ？　なぜ呼ばない？　うん？

目が無い【めがない】

夢中になって、思慮・分別をなくすほど好きであること。

(例) この手のグッズに目がないので、ネットで見つけて即買いしてしまった。

好尚【こうしょう】

好き好むこと。嗜好。このみ。流行。

(例) あの作家の作品は、時代の好尚を的確に捉えてくるから目が離せないんだよ。

嗜好【しこう】

親しみ好むこと。好み。

(例) 外界では嗜好が変わったと言われるけど、このアカウントこそ私の本性であり、私も私の推しも変わっていない。

良い感情を持つ【よいかんじょうをもつ】

好みに合う気持ちになる。

(例) 前まで興味もなかったのに、推しを演じて以来、あの声優さんによい感情をもっている自分がいる。

気に入る【きにいる】

好みに合う。

(例) すでに気になるどころではなく気に入りすぎている。

意に適う【いにかなう】

気持ちに合っていること。自分が具体的に意図した思いが、相手に通じること。

(例) 今回の推しのグッズは、前回と違って私の意にかなっている。

心に適う【こころにかなう】

なんとなく抽象的に思っていたことが相手に通じること。気に入る。思いどおりになる。

(例) 私の心にかなう推しメンと出会ってしまった。

御眼鏡に適う【おめがねにかなう】

目上の人の気に入る、認められる。

(例) 私のイラストが推しのお眼鏡にかなったようだ。つまり私は推しにほめられたということだ。

気に染む【きにそむ】

気に入る。望みどおりになる。

(例) 夢のなかで推しが勢ぞろい。まさに気に染むシチュエーションだったが寝坊、そして遅刻。

思わしい【おもわしい】

望ましい、好ましい状態であること。否定の表現をともなうことが多い。

(例) 推しのグッズの売り上げが思わしくないらしい。一人勝手に打開策を練り、マネージャー気分にひたっている私。

願わしい【ねがわしい】

願うところであり、そうなってほしい。

(例) ドームライブのチケットが即完売するくらい、推しが売れるのが願わしい。

食指を動かす【しょくしをうごかす】
自分のものにしたいという気持ちになる。ほしがる。
（例）デビューの話がもち上がった頃から、密かに食指を動かしていた。

望ましい【のぞましい】
そうあってほしいと思う。
（例）AとBが公式で結ばれることが望ましいんだよね。そう、推しカプだから。

目を掛ける【めをかける】
ひいきにする。また、単に注意して見入るという場合にも使用できる。
（例）目をかけてきた地下アイドルのメジャーデビューはうれしいような寂しいような。

目がきらきらする【めがきらきらする】
興味や好意が表情に出る。
（例）先日のイベントで撮ってもらった写真。私史上一番目がきらきらしてる。

愛着【あいちゃく】
人や物に対して手放したくないと思うこと。
（例）どれだけボロボロになっても、愛着のあるグッズは捨てられない。

愛玩【あいがん】
大切にしてかわいがること。また、いつくしんで楽しむこと。
（例）推しのフィギュアを本人だと思って愛玩している。

お気に入り【おきにいり】
自分の心によくかなうこと。
（例）昨日投稿された推しの自撮り、お気に入りすぎて何回も見てしまう。

贔屓【ひいき】
気に入った人を特別に引き立てること。引き立てるその人に対して使うこともできる。
（例）推しびいきとかではなく、あの映画は今年一番の傑作だと思う。とりあえず明日もう一回見に行こう。

愛好【あいこう】
ものごとを愛したり好んだりすること。
（例）推しを布教するため、愛好しているグッズやイラストをブログで紹介しています。

愛おしい【いとおしい】

大切にして、かわいがりたくなる様。たまらなくかわいいこと。

(例) 推し専用フォルダを作成。眺めているだけで愛おしい。

愛おしむ【いとおしむ】

かわいいと思う。かわいがる。「愛しむ」とも。

(例) 苦節10年。とうとう、一生をかけて愛おしむべき推しを見つけた。

愛でる【めでる】

いつくしみ愛する。美しさを味わい感動する。

(例) 一度でいいから、子犬を愛でるように推しをかわいがってみたい。

掌中の珠【しょうちゅうのたま】

自分がもっている最も大切なもの。人に対しても使う。

(例) プレミアがついても手放さない。解散ライブのチケットの半券は、私にとっての掌中の珠。

親心【おやごころ】

子を思う親の愛情。また親の愛情に似た温かい心づかい。

(例) 地下アイドル時代から成長を見守ってきた私は、親心をもって遠くから静かに眺め、感慨にふけるのだ。

蝶よ花よ【ちょうよはなよ】

子どもをよくかわいがり大切にする例え。

(例) 推しのことが好きすぎて、蝶よ花よとかわいがってしまう。

可愛がる【かわいがる】

かわいらしいと思い、優しく扱う。ひいきする。

(例) 整ったルックスと人懐こい性格、そしてあの笑顔。かわいがる以外に選択肢はないだろう。

猫可愛がり【ねこかわいがり】

猫をかわいがるように、甘やかしてかわいがること。

(例) 推しは、誰もがついつい猫かわいがりしてしまうほどの、最強の妹キャラだ。

親しい【したしい】

互いに打ち解け、仲がよい。

(例) 握手して一緒に写真を撮っただけなのに、親しい間柄になったような気持ちになる自分をなんとかしたい。

親しむ【したしむ】

親しくする。親密に接する。身近に感じる。

（例）私の推しが人気の理由は、誰からも親しまれるあの人柄だ。

親愛【しんあい】

人に親しみ、愛情をもっていること。また、その様。

（例）親愛なる絵師様。どうか次は私の鼻血が出ないレベルのイラストにしてください。

親密【しんみつ】

互いの交際が深く非常に親しいこと。また、その様。

（例）推しが炎上しファンを失った。母数が減ったということは親密になるチャンスであると考え

てしまう自分が嫌いだ。

仲が良い【なかがよい】

互いに打ち解け、親しい。

（例）最近グループAの推しとグループBの推しの仲がよい。ツーショット写真がSNSに上がる日もそう遠くはないぞ。

仲良くする【なかよくする】

対立せずに協力し合う。

（例）メンバー同士仲よくする姿がほほえましい。そこも推しポイントなんだよな。

相和する【あいわする】

親しみ合う。仲よくする。

（例）普段は競い合っているライバル同士だが、大きな敵が現れたときは共闘し相和する。その関係性が好き。

睦む【むつむ】

仲よくする。親しみ合う。むつまじくする。

（例）ライブで知り合った人たちとむつむようになってから、私のオタ活はますます充実している。

睦まじい【むつまじい】

仲よく、親しみ合っている。とくに、男女間の愛情が細やかである。

（例）推しカプがむつまじく過ごしているところを想像するだけで、私の心は平和になる。

気心が知れる【きごころがしれる】

お互いの好みや性格をよく知るほど仲がよい。親しい。

（例）推しカプの二人は気心が知れた仲なので、お互いを知り尽く

している。

懐く【なつく】
慣れて親しむ。
（例）推し以外からでも、リプがくればすぐに懐く私は、まるでエサをもらった犬。

慣（馴）れる【なれる】
人や生きものに対して違和感がなくなり、親しみをもつようになる。一般的に人に対しては「慣」、生きものに対しては「馴」を使う。
（例）人見知りのぼくでも、2回目の握手会で推しに慣れてきている。この子のコミュ力が高くて、話し上手だからだろうな。

懇ろ【ねんごろ】
親密な様。
（例）ぼくはただ推しとねんごろになりたいだけなんだ。下心がない！とは言い切れないけど。

懇意【こんい】
親しく交際し、仲のよい間柄であること。また、その様。
（例）推している絵師さんが初めてイベントにサークル参加するらしい。これは懇意になるチャンスだ。ドラマチックな対面を果たすため、作戦を考え中。

別懇【べっこん】
特別に懇意なこと。とりわけ親しいこと。
（例）あこがれを通り越して別懇の間柄になりたい。あの絵師さんの人間性も含めて大好き。

昵懇【じっこん】
親しく打ち解けてつき合うこと。また、その様。
（例）昵懇にしている絵師さんと、推しを描くときのこだわりを語り合った。気づけば外が明るくなっていた。

気を許す【きをゆるす】
相手を信用し、警戒心や緊張をゆるめる。
（例）ステージの上だとクールなのに、メンバーに気を許した表情は子どもみたいでかわいい。ギャップがたまらない。

心を許す【こころをゆるす】
気を許し、人に打ち解ける。
（例）前に比べると、あちらから話

してくれることが増えた気がする。心を許してくれたのかな。

肝胆相照らす【かんたんあいてらす】

お互いに心の底を打ち明けられる間柄の例え。心の底まで打ち解け、理解し合い親しくつき合うこと。

（例）推しとライバルが肝胆相照らすようになる回はマジで感動した。

心が通う【こころがかよう】

互いが十分理解し合い、心が通じ合う。

（例）ライブ中に目が合ったとき、俺の顔を見て推しがうなずいたんだ。あれは心が通った瞬間だったと思う。

通じ合う【つうじあう】

互いに考えや気持ちが伝わる。

（例）「あれ」と言うと「これ?」とすぐさま3つくらい候補を挙げてくれる絵描き仲間。通じ合うって心地いい。

気が置けない【きがおけない】

遠慮したり気をつかう必要がなく、心から打ち解けることができる。

（例）あこがれの絵師さんとメッセージをやりとりするうちに、冗談を言い合えるくらい気が置けない間柄になっていた。

心安い【こころやすい】

親しみやすく、気が置けない。遠慮がない。

（例）大手事務所のアイドルとは違って、この心安さも魅力なんだよな。

気さく【きさく】

気取りがなく打ち解けやすい様。さっぱりした人柄で、こだわらない様。

（例）すごい気さくで握手中会話めっちゃ盛り上がったし、楽しすぎた。まんまとハマったわ。

親近感【しんきんかん】

自分に近いものと感じて抱く、親しみの気持ち。

（例）前から好きでイラストを見ていた絵師さんが、自分の推しているマイナーキャラを好きだと知り親近感爆上がりした。

懐かしい【なつかしい】

かつて慣れ親しんだ人や事物を思い出し、昔に戻ったような心境になる。
(例) 推しが芸能界を引退すると聞き、初期のMVを見返している。まだ下手くそなダンスや初初しい表情が懐かしい。

親和【しんわ】

和やかに親しみ合うこと。
(例) 推しのツイートをチェックしながら、親和になるきっかけを探している。

親和の心が流れる【しんわのこころがながれる】
和やかに親しむ気持ちがやってくること。
(例) 昨日の推しのツイートは、ファンへの感謝の気持ちがあふれていた。それを見てから俺の胸には親和の心が流れている。

和気藹藹【わきあいあい】
和やかな空気が満ち満ちている様。
(例) 課金すれば推しと和気あいあいと雑談できる世界線に生まれてこられて幸せ。

友情【ゆうじょう】

友人の間の情愛。よしみ。
(例) 蹴落とし、蹴落とされ。それでも、メンバーの間にはたしかに友情が存在し、美しい。

連帯感【れんたいかん】
同じ仲間であるという意識。
(例) あこがれの絵師さんとブースが隣で、挨拶を交わしただけなのに勝手に連帯感を感じてしまいニヤニヤが止まらない。

金蘭の契り【きんらんのちぎり】
深く理解し合い、信じ合っている交わり。
(例) 金蘭の契りを結んだこの二人が、お互いの背中を預けて戦う姿は本当に泣ける。

管鮑の交わり【かんぽうのまじわり】
非常に親密な友人づき合い。
(例) 売れない時代も、一方が炎上中も、管鮑の交わりを続けてきた二人だから推せるんだ。

爾汝の交わり【じじょのまじわり】
互いに「お前」「きさま」と呼

び合うような親密な交際。
（例）人前では上司と部下として接する二人が、本当は爾汝の交わりとか、最高すぎない？

刎頸の交わり【ふんけいのまじわり】
その人のためなら首を切られても悔いのないほどの深い交際。
（例）この二人の関係はどう考えても友達以上！　刎頸の交わりってやつ。そこにあこがれる。

水魚の交わり【すいぎょのまじわり】
水と魚のような、切っても切れない親しい関係。
（例）私が推しているこの二人組は、まさに水魚の交わり。この先何があってもずっと一緒にいてほしい。

断金の契り【だんきんのちぎり】
固く結ばれた友情の例え。
（例）二人はグループ唯一の初期メンバーで、息ぴったりだ。楽しいこともつらいことも一緒に乗り越えてきた二人は、断金の契りってやつだな。

友誼【ゆうぎ】
友達のよしみ。
（例）このキャラクターを推している理由は、見た目がタイプなのと、友誼に厚いところです。

友愛【ゆうあい】
友人やきょうだいに対する親しみの情。
（例）切磋琢磨してきた絵描き仲間が、結婚を機に筆を置くことを決意。友愛のしるしにと、道具一式をゆずってもらった。

兄事【けいじ】
兄に対するように、敬意と親愛の気持ちをもって仕えること。
（例）先輩キャラクターのことを兄事し、後ろにぴったりついて回る推しの姿がかわいい。

フレンドシップ【ふれんどしっぷ】
友情。友愛。親しい関係。
（例）推しとそのライバルの間には、じつは熱いフレンドシップがある！　ああいう関係っていいよな。

慕う【したう】

恋しく思う。目上の人に引かれる、あこがれる。

(例) 推しは人気投票で1位になるほど多くの人に慕われている。うれしいんだけど少し複雑な気持ちになっちゃう。

慕わしい【したわしい】

心が引かれ、好ましい。

(例) たまたま見た深夜アニメで出会ってから、だんだん慕わしく思うようになった。

慕情【ぼじょう】

慕わしく思う気持ち。

(例)「ピークが過ぎた」とか言われているけど、私は引き続き慕情を抱いている。

思し召し【おぼしめし】

相手を敬い、その考えや気持ちを示すときに使う。

(例) 推しからのせっかくの思し召し、お応えせずにはいられない。

欽慕【きんぼ】

敬い慕うこと。敬慕、仰慕も同じ意味。

(例) 推しの言説の深さには驚かされる。愛するとともに、人生の師として欽慕している。

思慕【しぼ】

思い慕うこと。恋しく思うこと。

(例) アニメの話数が進むにつれて、どんどん推しへの思慕が募る。助けてほしい。

引(惹)かれる【ひかれる】

好意や関心によって引き寄せら

COLUMN

「恋」と「愛」を使い分ける

「恋」の旧字体は「戀」。これは、「心がもつれて、うまく言葉にできない状態」を表している。胸が高鳴るような、自分のなかで完結する気持ちが恋。それに対し二人でつくっていくのが「愛」だ。

れる。
（例）これまで好きになったタイプとは違う。だがなぜか、引かれる。

思（想）う【おもう】
とくに特定の人のことを気にかけること。相手によって恋心や気づかい、さまざまな意に解釈される。
（例）チェキの整理をしながら、「今どこで何をしてるんだろう」と、引退した推しのことを思う。

憎からず思う【にくからずおもう】
（「憎く思ってない」の意味で）好感や愛情を間接的に表現する語。
（例）別に好きなタイプではないけど、憎からず思っているよ？

思いを寄せる【おもいをよせる】
ある人を恋い慕う。
（例）イラストを愛でているうちに、顔も知らない絵師さんに思いを寄せるようになってしまった。

思いを掛（懸）ける【おもいをかける】
深く恋い慕うこと。
（例）初登場から好きなので、かれこれ10年は推しに思いをかけている。

心を寄せる【こころをよせる】
好きになる。関心をもつ。
（例）軽い気持ちでそっと心を寄せたつもりが、いつの間にかどっぷりハマっていて焦る。

心を奪われる【こころをうばわれる】
すばらしさに、気持ちをすっかり引きつけられる。
（例）あんなに「二次元アイドルには興味ない」って言ってた私だけど、アニメ見たらまんまと心を奪われたわ。

靡く【なびく】
言い寄られて承知する。引き寄せられる。
（例）別の子からファンサが来たからって、一瞬でも推し以外になびいた自分を恥じる。

ぞっこん
心の底からほれ込んでいる様。
（例）一目見た瞬間からぞっこんで、今もその気持ちは微動だにしていない。

没頭【ぼっとう】
一つのことに熱中して、ほかをかえりみないこと。
(例)推しのかわいい画像収集に没頭していたら、夜が明けて朝になっていた。

溺愛【できあい】
むやみやたらにかわいがること。盲目的にかわいがること。
(例)ぼくは推しを溺愛しているので、何があっても熱が冷めない自信がある。

胸がときめく【むねがときめく】
喜びや期待で胸がどきどきする。心がおどる。
(例)推しのことを考えると、胸がときめいて苦しいんですが。病院に行った方がいいかもしれない。

惚れる【ほれる】

人やものごとに心が引かれ、夢中になる。うっとりする。
(例)初めて見たとき、ピーンときたね。俺、ほれたって。

惚れ惚れ【ほれぼれ】
人やものごとに、すっかり心を奪われてうっとりする。
(例)推しの成人式の振り袖姿にはほれぼれした。

見惚れる【みほれる】
うっとりと見入る。見とれる。
(例)推しに見ほれていたら一日が終わった。

一目惚れ【ひとめぼれ】
一度見ただけで好きになること。
(例)メンバーのなかで一人だけ輝いて見えた。これが一目ぼれってやつか。

見初める【みそめる】
一目見て恋心を抱く。
(例)私が見初めた俳優さんは絶対に売れる。

恋【こい】

特定の人に強く引かれること。深く思いを寄せること。
(例)ふと目に入って恋に落ちた。もう恋なんてしないって決めたのに、どうしてくれよう。

恋恋【れんれん】
恋い慕いつつ思い切れない様。
(例)もう連載が終了して何年も

たつのに、推しを思うと恋恋とした感情があふれてきて、新しい推しを見つけることができない。それくらい大切な存在。

恋い焦がれる【こいこがれる】

恋しさのあまりに、ひどく思い悩む。

（例）推しの活動休止から半年。恋い焦がれて、病む。早く復活してほしい。

恋う【こう】

ある人に心引かれ、思い慕う。

（例）学生だからお金はかけられないけど、一途（いちず）に恋う気持ちは誰にも負けない。

恋心【こいごころ】

恋しいと思う心。

（例）胸にしまった恋心。一度でも取り出してしまうと、もう二度と戻せない気がする。

恋い初める【こいそめる】

恋心を抱き始める。

（例）選抜メンバーの後ろでおどる君を見たときから、恋い初めていたと思う。

恋しい【こいしい】

離れている人や事物などに強く心を引かれる様。会いたくなったり見たくなったりすること。

（例）最近接触系イベントが少ないから推しが恋しい。

恋する【こいする】

恋をする。慕う。

（例）明日は推しに会うから美容室に来たけど、恋する少女みたいでおもしろい。

初恋【はつこい】

初めての恋。

（例）この気持ちが本当の恋だとすると、今の推しが初恋の人だ。

恋情【れんじょう】

相手を恋い慕う気持ち。

（例）初めて推しを間近で見たら、あこがれが恋情に変わった。直視できない。

恋慕【れんぼ】

特定の人を恋い慕うこと。

（例）推しへの恋慕の情が途切れることはなく、大型新人だろうと視界に入る余地はない。

恋路【こいじ】

恋心を通わせることを、道に例えて言う語。

（例）二次元の彼と私との恋路は

障害が多すぎる。生まれる次元を間違えたみたいだ。

愛【あい】

特定の人やものごとを好いたり大切に思う気持ち。また、互いが互いを愛おしむように思い合うこと。

(例) 好きから大好きになって、今は愛という言葉がしっくりくる。

愛する【あいする】

とりわけ好む。愛情を注ぐ。

(例) 愛しているという言葉は浮かぶのに、声に出せない。

愛情【あいじょう】

深く愛し、いつくしむ心。

(例) 推しへの愛情は誰にも負けない自信がある。

熱愛【ねつあい】

熱烈に愛すること。

(例)「私が推しをいかに熱愛しているか」というテーマで長編小説が書けそう。

愛しい【いとしい】

かわいく思う。恋しく慕わしい。

(例) 熱が冷めても、顔を見たら結局「ああ、愛しい」に集約される。

愛慕【あいぼ】

愛して慕うこと。

(例) 二次創作から入ったけど、原作を読んで、動画を見たら、気持ちが愛慕にまでふくらんだ。

最愛【さいあい】

最も深く愛していること。

(例) 歴代の推しのなかでも間違いなく、君が最愛の推し！

鍾愛【しょうあい】

たいそう好き好むこと。大切にし、かわいがること。

(例) 推しへの鍾愛があふれて、とどまるところを知らない。

情愛【じょうあい】

いつくしみ、愛する気持ち。

(例) 推しの笑顔が見られればそれでいい。見返りを求めない一方通行の情愛こそ清い。

でれでれ

心引かれる人の前などで、態度や姿勢にしまりがなくなること。こびること。

（例）推しメンの隣に写る俺の顔、でれでれしすぎ。見てられない。

めろめろ

恋い慕う人の前などで自制力を失い、しまりがなくなる様。

（例）推しを目の前にするとめろめろになりすぎて、何を話したか覚えてない。

目尻を下げる【めじりをさげる】

とても満足気な表情をする。

（例）推しと同じ苗字や名前を見ただけで目尻を下げてしまう癖をやめたい。

哀れを催す【あわれをもよおす】

しみじみとした感動が起こる。また、同情の気持ちや悲しみの気持ちが起こる。

（例）あんなに干されていた推しが、今ではこの作品を引っ張る人気キャラだなんて……哀れを催すなあ。

胸を焦がす【むねをこがす】

思い焦がれる。思いが募り、切なくなる。

（例）胸を焦がした数カ月間。待ちに待った復活ライブ。部長、明日は有給いただきます！

熱を上げる【ねつをあげる】

夢中になる。魅力にとりつかれてのぼせ上がる。

（例）グッズ集めに熱を上げすぎて、今度のライブの遠征費がきついな。

燃え上がる【もえあがる】

感情が激しく高まる。

（例）推しへの燃え上がる気持ちをつぶやきたいのに、１４０字なんかじゃ全然足りない。

熱い思い【あついおもい】

人やものごとに夢中になったり、感情が激しく燃え上がる気持ち。

（例）推しへの熱い思いは誰にも止められない。

ご執心【ごしゅうしん】

人やものごとに異常な関心をもち、いつまでもこだわること。冷やかしの意味を含む。

（例）最近別のアイドルにずいぶんとご執心ですね。

愛しい相手の呼び方

好きなキャラクターを指す「推し」はすっかり定着した。好きな相手の呼び方を工夫するのも楽しい。外国の愛しい人の呼び方などはじつに多彩なので参考になるかもしれない。

アモーレ

イタリア語で直訳すると愛だが、恋人に限らず幅広く使われる。

ガッティーナ

同じくイタリアの恋人間で使われる。子猫ちゃんくらいの意味。

ディア

アメリカの定番。いとしい人くらいの意味。男女問わず使われる。

ベイビー

アメリカの定番。かわいい子程度の意味。変形のベイブ、べーも。

テソーロ

宝物を意味するイタリア語。こちらも恋人以外にも幅広く使われる。

マ(モン)シェリー

親しい人に対するフランスの定番。愛しい人くらいの意味。

マイラブ

アメリカの定番。直訳すると私の愛。

スウィートハート

アメリカの定番。甘いものに例える系でシュガーという表現も。

クッチョラ

イタリアで恋人間で使われる。子犬ちゃんくらいの意味。

モンラパン

フランス語でラパンはウサギ。生きものなどに例えるのが定番。

憧れ【あこがれ】

理想のものごとに、心を強く引かれること。

（例）あこがれだとはわかっていても、私は推しと結婚したい！

魅せられる【みせられる】

不思議な力で心が引きつけられる。

（例）ぼくの推しメンは一見平凡なのに、歌いだすと目が離せないくらい魅せられる。

魅了される【みりょうされる】

心が、どうしようもなく引きつけられる。ほれ込む様。

（例）隣の席の同僚が机に置いているフィギュアに魅了されて仕事が手につかない。

憧憬【しょうけい】

あこがれること。その気持ち。

（例）尊敬する絵師さんのイラストの何がすごいって、こっちを見てると思わせるような目の描き方。憧憬せざるをえない。

うっとり

美しいものなどに心奪われぼうっとしている様。

（例）乙女ゲームしている間は幸せなんだけど、ロード中暗転した画面にうっとりした自分の顔が映ると吐きそうになる。

痺れる【しびれる】

強烈な刺激を受け、陶酔する。心奪われうっとりする。

（例）昨日解禁された新曲ＭＶの推しメンがかっこよすぎてしびれた。

蕩ける【とろける】

心がゆるみ、なごむ。だらしなくなる。

（例）外ではまじめキャラの俺が、推しのグッズを並べたベッドで毎夜とろけているとは誰も思うまい。

夢心地【ゆめごこち】

夢を見ているようなうっとりした気持ち。

（例）運よく手に入ったチケットが、まさかの最前ドセン。夢心地で、ライブ中ずっとぼーっとしていた。

陶酔【とうすい】

心奪われ、うっとりすること。

（例）この絵師さんが描く推しは本家よりセクシーな表情をしていて、陶酔してしまう。

夢中【むちゅう】

ものごとに熱中し、我を忘れる様。

（例）キャラデザも声優も豪華だし、ストーリーもいい。どうりでみんなが夢中になるわけだ。

虜になる【とりこになる】

ものごとに熱中し心奪われる。

（例）たまたま目にしたCMでのパンダの着ぐるみ姿にとりこになる。

のめり込む【のめりこむ】

人や事物に心奪われ、抜け出せなくなる。

（例）「ハマりすぎだ」と友達は注意するが、のめり込んで突き抜けた先の景色を俺は見たい。

入れ込む【いれこむ】

熱中する。夢中になる。

（例）最近俺は別グループのメンバーに入れ込んでいて、そっちの現場には行っていないんだ。

引き込まれる【ひきこまれる】

ものごとに心を引かれ夢中になる。

（例）推しの初舞台を見に行ったら、表現力が高く世界観に引き込まれた。

首ったけ【くびったけ】

すっかりほれ込み、夢中になっている様。

（例）一見クールな推しのじつはドジな素顔に、私は首ったけだ。

食い入る【くいいる】

視線などが対象に深く入り込む。

（例）テレビ画面の推しを食い入るように見つめてニヤついていたら、背後に母がいた件。

酔う【よう】

自制心をなくすほど、ものごとに心奪われる。

（例）お気に入りの絵師さんのイラストの精巧さに酔う。

酔い痴れる【よいしれる】

ものごとに心奪われうっとりする。

（例）イヤホンで推しの美声を聴いてたら、ついつい酔いしれていて電車乗り過ごしたわ。

血道を上げる【ちみちをあげる】

色恋や道楽に、分別を失うほど熱中する。

（例）推しを一つでも高い順位にするため、サブアカを多数取得し援護射撃に血道を上げる。

溺れる【おぼれる】

理性を失うほどに夢中になる。

（例）誰かほかの人に溺れているふりをしたら、一瞬でも君は振り向いてくれるかな？

熱に浮かされる【ねつにうかされる】

のぼせ上がる。夢中になる。

（例）熱に浮かされたように推しの絵を描いていて、友達からの電話に気づかなかった。

脇目も振らず【わきめもふらず】

そちらばかり見て。一心に。

（例）もちろんライブ終わりは推しメンの物販列に脇目も振らずに並んだ。

思い入れ【おもいいれ】

深く思いを寄せること。また、その気持ち。

（例）思い入れのあるマンガが完結するらしい。

寵愛【ちょうあい】

（もとは「籠のなかに押し込めてそこから出さないようにすること」の意味で）特別に愛し、大切にすること。閉じ込めてでも自分のものにしたい、独占したい、というような激しい感情を表す。

（例）推しのことが好きすぎて、寵愛してしまいそうになるのを、ぐっとこらえた。

堪らない【たまらない】

この上ないほど、はなはだしくよい。感情を我慢できない。

（例）笑顔もいいけどこの切ない表情もまた、たまらない。

震えがくる【ふるえがくる】

振動や動揺が訪れる。

（例）更新されたブログタイトルが「大切なお知らせ」で大きな震えがきた。

中毒【ちゅうどく】

あるものに深く依存し、少しでも不足すると強烈な飢餓感をもつこと。

（例）君はたばこや酒よりも中毒性が高く、もう抜け出せそうにない沼だ。

敬う【うやまう】

相手を尊び、礼を尽くす。尊敬する。

(例) どれだけ多忙でもイラストの細部にまでこだわり続ける絵師さんは敬うべき存在。

敬愛【けいあい】

敬い親しみの心をもつこと。

(例) 私が敬愛する作曲家が手がける楽曲は、推しを最も輝かせてくれる。

敬意【けいい】

尊敬する気持ち。

(例) 有名になってもファンを大切にしている推しに、ぼくは敬意を表したいと思う。

畏敬【いけい】

偉大な人物などを、おそれ敬うこと。

(例) 推しを発掘してくれたプロデューサーには畏敬の念を抱かずにはいられない。

仰ぐ【あおぐ】

尊敬する。教えを請(こ)う。

(例) 師と仰ぐ絵師さんにほめられると、ついつい調子に乗ってしまう。

心酔【しんすい】

ものごとに心奪われ夢中になること。人物を心から慕い、敬うこと。

(例) ドキュメンタリー番組で陰の努力を知ってからは、推しに心酔するばかりだ。

COLUMN

「畏」という字の起源

「畏」の田は大きな頭を表している。人の目には頭とわからないほど大きな頭だ。下の部分は手に武器をもった人。つまり、「畏」は「天命」のような目に見えないものに対する恐怖を表す言葉といえる。

心服【しんぷく】
心から尊敬し、従うこと。
(例) アイドルでありながら作詞作曲をこなし、高い歌唱力をもつ推しに心服しているミュージシャンは少なくない。

傾倒する【けいとうする】
ものごとに強く心を引かれ、夢中になること。また、尊敬して慕うこと。
(例) 推しの生き様に傾倒している私は、給料のほとんどを迷いなくつぎ込でいる。

崇める【あがめる】
きわめて尊いものとして敬い、大切にする。
(例) 神のようにあがめられていた推しが卒業して、グループ自体の存続が危ぶまれている。

私淑【ししゅく】
直接教えを受けていないが、ひそかに尊敬し模範とすること。
(例) イベントで意気投合した年下の大学生が、私の私淑する正体不明の伝説の絵師さんだったのは奇跡でしかない。

崇拝【すうはい】
尊敬し、あがめること。
(例) 好きとかじゃなく、もう崇拝してるレベル。

執着【しゅうちゃく】
一つのことに心をとらわれ、離れられないこと。
(例) グッズを観賞用と保存用と自慢用で3つずつ買ったくらいで、執着なんて言われたくない。

愛執【あいしゅう】
愛するものに心をとらわれ、離れられないこと。
(例) 私はどの推しに対しても必ず愛執まで突き進む、猪突猛進タイプ。

愛惜【あいせき】
愛し、大切にすること。名残惜しく思うこと。
(例) 無人島に一つもっていくなら愛惜するイラスト集しか考えられない。眺めてるだけでお腹もいっぱいになるし。

執念【しゅうねん】
一つのことを深く思いつめる心。執着し動かない心。
(例) 数ある障害をクリアした末のオールナイトライブ完走はまさに執念のなせる業。

人望【じんぼう】

信頼のある人物として、人々から慕い仰がれること。

（例）普段後ろでおどっている推しがメンバー間投票で1位になったのが、何よりも彼女の人望の厚さを表している。

聖人【せいじん】

学識や人徳などにおいて理想的な人。慈悲深い人。

（例）は？　私の推しは聖人か？　見た目もいいし、ツッコミどころがない。

君子【くんし】

学識、人格の両方に優れた人。

（例）推しが出演するというクイズ番組を見ていたが、推しが君子であることが発覚した。

衆望【しゅうぼう】

おおぜいの人々から寄せられる信頼や期待。

（例）15歳という若さでグループのエースに抜擢され、衆望を集める推しは、やっぱり誰よりもかっこいい。

信望【しんぼう】

信用と人望のこと。

（例）ファンからも仲間からも信望を得られるのは、性格に裏表がない証拠だと思う。

人好き【ひとずき】

人に好かれること。

（例）特別に美人というわけではないけど、彼女は人好きのする顔立ちと性格をしている。

声望【せいぼう】

世間での名声と人望のこと。

（例）趣味を生かした仕事をきっかけに声望が高まりだした。

徳【とく】

優れた品性。立派な行い。

（例）現世（げんせ）でどれだけの徳を積めば、来世（らいせ）で推しと結婚できるのでしょうか？

徳望【とくぼう】

徳が高く人望があること。また、人々から慕われる人格。

（例）徳望が高くメンバーに頼りにされている姿を見ると、自分のことのように鼻が高い。

人徳【じんとく】

その人の身についている優れた品性。

（例）表情や仕草、受け答えに推しの人徳が表れていて、ますます好きになる。つらい。

聖女【せいじょ】

けがれのない神聖な女性。知徳の優れた女性。

（例）握手？　推しは聖女だぞ。俺なんかが触れていいわけない。ましてや横に並んで写真を撮るなんて。

人気者【にんきもの】

多くの人々によい感情を与え、もてはやされる人。

（例）「実力がない」といわれることが多いけど、間違いなく人気者。言葉にするのが難しい魅力が、推しにはある。

アイドル【あいどる】

熱狂的なファンをもつ人。あこがれの的。

（例）あの絵師さんは絵がうまいだけでなくビジュアルもいいので、イベントに出るとサークルにたくさんの人が集まる。アイドル的存在だな。

カリスマ【かりすま】

人々の心を引きつける強い魅力。また、その魅力をもつ人。

（例）一人一人個性が強いグループのなかでも、彼女はカリスマとしてファンを熱狂させた。

スター【すたあ】

芸能界やスポーツ界など、ある分野でとくに人気のある人。

（例）人気と実力を兼ね備え、ファンを楽しませる術を知る推しこそ本物のスター。

星【ほし】

重要な人物。花形。スター。

（例）マイナーだと言われることもあるけど、推しは間違いなく地下アイドル界一の星。それだって十分すごい。

ヒーロー【ひいろお】

敬慕の的となる人。英雄。スポーツの試合などでとくに活躍した人。小説、マンガ、戯曲などの男主人公。

（例）人見知りの私が推しを通じてたくさんの友達と出会えた。私を変えてくれた君はヒーローです。

ヒロイン【ひろいん】

出来事の中心となる女性。小説、

マンガ、戯曲などの女主人公。

(例) 私の推しは男だけど、この作品のなかではヒロイン的存在だと思う。

花形【はながた】
ある分野で人気が高く、注目を集める華やかな人や事柄。

(例) グループの花形なのに、トークのときにはいじられ役に徹している姿に好感がもてる。

売れっ子【うれっこ】
非常に人気があり、もてはやされる人。

(例) 推しが売れっ子になっていくのを喜びながらも、ちょっと寂しいのが現実。

流行りっ子【はやりっこ】
ある分野で人気が高くもてはやされている人。売れっ子。

(例) 母親が元アイドルということでデビュー時に注目を集めたが、今や実力を兼ね備えたはやりっ子になった。

看板【かんばん】
関心を集めるのに有効な人気のある人や事柄。

(例) 推しが朝の番組の看板になったのはうれしいけど、世間に見つかってしまうと思うと心中複雑。

一枚看板【いちまいかんばん】
大勢のなかの中心人物。

(例) あのグループが人気になった理由は、私の推しが一枚看板で支えていたことが大きいと思う。

看板娘【かんばんむすめ】
客を引きつける魅力のある女性。

(例) オーディションに落ちまくっていたあの子が今や国民的アイドルグループの看板娘……。がんばったんだね。

持てる【もてる】
人から好意をもたれ、よく扱われる。人気がある。

(例) あんなに顔がよくて性格もいいんだから、もてて当然。なるべくしてアイドルになったって感じするわ。

大持て【おおもて】
おおいにもてること。

(例) 敬愛する絵師さんは相変わらずイベントでおおもてだった。

今回も言葉を交わすことさえできなかった。

持て持て【もてもて】

大変人気があること。また、その様。

（例）人気投票だと人気がない私の推しだけど、現実世界にいたら絶対もてもてだと思うんだよな。優しいいし。

引く手数多【ひくてあまた】

誘ってくる人が多いこと。

（例）卒業後も引く手あまたなのは、彼女の才能が世間に認められたんだろうな。うれしい。

引っ張り蛸（凧）【ひっぱりだこ】

高い人気があり、多く誘いを受けること。

（例）推しをテレビで見ない日はない。引っ張りだこなのはいいことだけど、体が心配。

名高い【なだかい】

世間に広く知られている。よい意味で名が知られているときに使う。

（例）ぼくの推しメンは、見た目と性格のギャップが大きくてかわいい人物だと名高い。

名声【めいせい】

よい評判。名誉ある評判。

（例）高い演技力でかなりの名声を得たにもかかわらず、いまだに演技の勉強を続けている私の推し。偉すぎない？　そういうところが推せる。

名立たる【なだたる】

有名な。評判の高い。名高い。

（例）名立たる人気キャラを差し置いて、私の推しが表紙に？　買いしめるわ。

轟かせる【とどろかせる】

世間に広く知られる。

（例）大賞を受賞しその名をとどろかせることになるとは、当時は知るよしもなかった。

音に聞く【おとにきく】

人伝えや噂（うわさ）にきく。名高い。

（例）音に聞いていたマンガを読んでみたら、まんまとハマった。推しが決められない。

世に聞こえる【よにきこえる】

世間の評判になる。

（例）世に聞こえた絶頂期のアイ

ドルを推していると、お金がいくらあっても足りない。

株が上がる【かぶがあがる】

その人の評判がよくなる。

(例) イメチェンした推しがかわいいと、株が上がり続けている。

輝かす【かがやかす】

威力や名声などを華々しく世間に示す。

(例) 不遇の時代が長かったが、映画とタイアップした新曲が大ヒットし、今や日本中にその名を輝かせている。

名代【なだい】

名を知られていること。評判の高いこと。その様。

(例) 黎明期から続く名代のイベントへの出展が決定し、うれしすぎて震えている。

名望【めいぼう】

名声と人望。

(例) 誰とでも分け隔てなく接する性格と芸能に対する地道な努力で、不動の名望を集めた。

脚光を浴びる【きゃっこうをあびる】

広く世間の注目を集める。

(例) 推しが脚光を浴びるのは素直にうれしい。

極め付き【きわめつき】

優れているとして定評のあること。また、そのもの。

(例) 俺としては全部おすすめだけど、極めつきのMVを選ぶとしたらこれだな。

折り紙付き【おりがみつき】

鑑定書がついていること。また、そのようにものごとの価値や人物の力量などがたしかなものという定評があること。

(例) 推しの演技力はあの有名映画監督の折り紙つき! アイドルだからってなめるなよ。

世に出る【よにでる】

世の中に知られる。出世する。

(例) 世に出るだけがすべてじゃない。「ごめんね」と涙を堪えながら話す笑顔を見て、幸せになってほしいと願った。

世評【せひょう】

世間の評判。

(例) 世評なんか気にせずにのびのび活動すれば、彼はもっと人気が出ると思う。

著名【ちょめい】
世間に名前を知られていること。また、その様。
（例）この番組に出演できるほどになれば、推しも著名人の仲間入りだな。

定評【ていひょう】
多くの人が認める評判や評価。
（例）推しはバラエティ番組に出たときのトーク力に定評がある。

名が売れる【ながうれる】
世間に広く名を知られる。
（例）世間の注目度は低かっただろうけど、初出演のバラエティ番組で見事なモノマネを披露して名が売れた。

名に負う【なにおう】
名高い。有名である。おもに固有名詞や特定の名前にかかることが多い。
（例）名に負う日本レコード大賞を受賞して壇上で涙する推し。それより号泣するぼく。

名の通った【なのとおった】
広く名が知られている。
（例）私の推してる絵師さんは、このアニメを好きな人の間では名の通った人物だ。

有名【ゆうめい】
世間に広く知られていること。また、その様。
（例）実力と向上心のある推しが有名になって、ファンとしては何よりうれしい。

雷名【らいめい】
世間によく知られている名声。
（例）料理上手だと雷名をとどろかせている推し。レシピ本を出すらしい。

令名【れいめい】
よい評判。名声。
（例）元自衛官ということで、歌っておどってほふく前進できるアイドルとして令名をはせる。

顔が売れる【かおがうれる】
広く世に名が知られる。
（例）推しが週刊誌に撮られた。写真を見たら一人で立ち食いうどん食べてるだけだった。顔が売れてる人って大変だな。

好評【こうひょう】
よい評判。
（例）アニメが好評だが、まずは原作を読んでほしい。原作の推しはもっとかわいいから。

高評【こうひょう】
評判が高いこと。
(例) 推しメインのストーリーがアニメ化され高評なのはうれしいけど、みんな魅力に気づくの遅すぎるよ？

高名【こうみょう】
名高いこと。高い評価を受けていること。
(例) 高名になってもさらなる高みを目指して努力し続けるところが推せる。

文名【ぶんめい】
詩文に優れているという評判。
(例) 新曲の歌詞すごくいいなと思っていたら、これ推しが書いたの？　文名を高めるきっかけになりそう。

今を時めく【いまをときめく】
現在、世にもてはやされている。栄えている。
(例) 今をときめく声優大集合のアニメ。実写でもいいくらいじゃないか？

持て囃す【もてはやす】
多くの人々が話題にして騒ぐこと。また、さかんにほめること。
(例) 今メディアでもてはやされているのが私の推しです（ドヤ顔）。

耳目を集める【じもくをあつめる】
多くの人の注意や関心を引き寄せる。
(例) 推しが急に政治的な発言をし始めた。それが的を射ているものだから、偉い人たちの耳目を集めている。

時代の寵児【じだいのちょうじ】
その時代に合った才能を発揮して成功し、人々からもてはやされる人のこと。
(例) 昔はよく批判されてたけど、今となっては時代の寵児だよ。

センセーション【せんせえしょん】
世間が興奮し、多大な関心を寄せる事件や事柄。また、大評判。
(例) 鮮烈なデビューを果たして以来、一大センセーションを巻き起こし続けてるな。すげえ。

推し事Q&A
ケース1

Q. **応援しているアイドルがいます。思いを発信したいのですが、「愛してる」を使うのは気恥ずかしいです。**

A. 「大好き！」と言うのがいいのではないでしょうか。

「愛」の上の部分は一説によると「相手と自分の気持ちがちぐはぐなこと」を、「冖」と「心」は「心がふさぎ込んでいること」を意味します。「夊」は「足が絡まって先に進めないこと」です。つまり、愛とは「気持ちが届かず、心がふさぎ込んで、足が動かない状態」を表すのです。

そのように感じることもあるでしょうが、あえて伝えないことが、思いやりかもしれません。代わりに「大好き！」を使うのはいかがでしょう。「好」という漢字は、お母さんが子どもを抱いているところを表し、素直さがいいです。「大」をつけると、素直さが倍増します。

推し事Q&A

ケース2

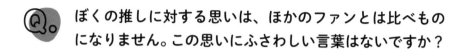

Q. ぼくの推しに対する思いは、ほかのファンとは比べものになりません。この思いにふさわしい言葉はないですか？

A. 自分の言葉は、自分でつくるしかありません。

比べものにならないほどの「思い」は、きっとその人なりの、ほかの人では表せないほどの「言葉」になるのではないかと思います。中原中也なら「かつて私は一切の解釈だった」（『中原中也全詩集』〈KADOKAWA〉未発表詩篇所収「処女詩集序」）というかもしれません。萩原朔太郎なら「こころをば　なににたとへん　こころはあじさいの花」（『萩原朔太郎詩集』〈岩波書店〉愛情詩篇所収「こころ」）と言うかもしれません。自分の言葉は、自分でつくるしかありませんね。

推し事Q&A
ケース3

Q. **ＳＮＳでつながる年下の新人絵師さんを応援したい！でも私も同業なので“偉そうな先輩”にはなりたくない！**

A. **「あなたの作品は、まんまんたる気魄（きはく）がこもっていますね！」などいかがでしょう。**

同じ芸術家として、高村光太郎のこんな言葉があるのを紹介しましょう。

芸術家である「絵師」を応援するには、相手のやる気をさらに出させるようにするための言葉が必要ですね。芸術家が目指す作品とはどのようなものでしょうか。例えば、高村光太郎は、「まんまんたる気魄はこもる」（『高村光太郎全詩集』〈新潮社〉「五月の土壌」）という言葉で、五月の雨や太陽の「力」を表現しています。「あなたの作品は、まんまんたる気魄がこもっていますね！」などという応援の言葉を贈ってみてはいかがでしょうか。

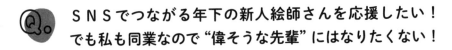

第2章 「きれい」「美しい」しか出てこないとき

みんなに好かれる　可愛い女　砂糖で固めた　バターのような
娘　誰もがちょっと　さわってみたくなる——

阿部公房『可愛い女』

アパートに一人で住む女のことを、泥棒たちが表した言葉。直接的に容姿に言及したわけではないが、イメージがふくらむ。

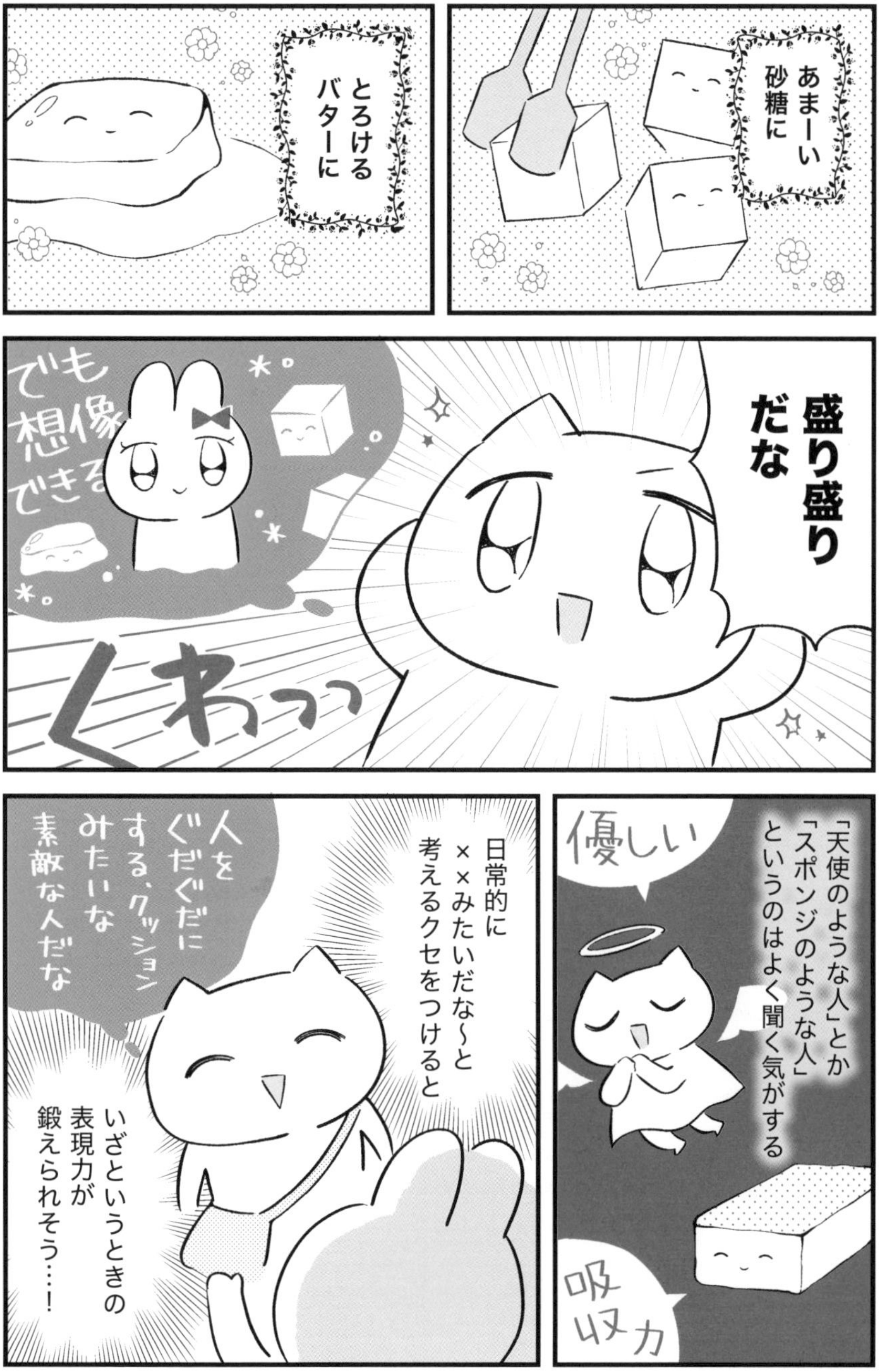
あまーい
砂糖に
とろける
バターに
盛り盛り
だな
でも
想像
できる
くわっっ
「天使のような人」とか
「スポンジのような人」
というのはよく聞く気がする
優しい
吸収力
日常的に
××みたいだな〜と
考えるクセをつけると
人を
ぐだぐだに
する、クッション
みたいな
素敵な人だな
いざというときの
表現力が
鍛えられそう…!

夢ではないだろうな。どこかに美の泉があって、そこからこんこんと湧き出てきたのか

――ヨハン・ヴォルフガング・フォン・ゲーテ『ファウスト』（池内紀訳）

美女ヘレナを表した学者とファウストのやりとりの一節。現実とは思えないほどの美というのはどれほどのものか。

バチッ
夢かと思ったー！
という表現はみんなよく使ってる気がする
夢だった…
逆に「夢であってくれ」もよく聞くし
夢って便利な言葉だな～
夢かとおもった（嬉）
夢であってくれ（苦）
ぐい～
信じられないくらい美しかったり楽しかったりするのを表すのに
「夢ではないだろうな」使っていきたい…
現実だよ～

桜の樹の下には屍体(したい)が埋まっている！

——梶井基次郎『桜の樹の下には』

衝撃的な書き出しの言葉として有名。桜のみごとさのなかに不吉なものを幻視(げんし)することで、かえって怪しい美しさが引き立っている。

その美しさは、「花の色は移りにけりな」と詠んだ小野小町を生き写しにした絵姿も、問題にならないほどであった

――井原西鶴『男色大鑑』（暉峻康隆訳）

『男色大鑑』巻四の一節。遊女狂いの男がほれ込んだ、公家の娘について。ほかのすばらしいものを引き合いに出し、巧みに美しさを表現している。

一と枝の紅く艶やかな牡丹の花、露を含んでただよわせる濃密な香り。雲となり雨となる巫山の仙女との契りさえも、この美しさの前では徒らな恋ごころ

——李白『李白詩選』（松浦友久訳）

巫山の仙女とは楚の懐王が夢で契りを結んだという伝説の神女。その魅力的な神女とのひとときすらもかすむと絶賛している。

なんか難しいけどめちゃくちゃほめていることはわかる…！
「××さえかすむ」っていう表現はすごく使いやすい気がする
あ〜
「どんなすごい賞さえかすむくらいあなたの作品はすばらしいです」とか！
熱いな！
……私だったら
「嵐さえかすむ勢いの人生だね」ってほめられたいな…

綺麗【きれい】

色や形などが華やかで心地よい様。汚れがなくて清潔な様。やましいところがない様。

(例) 実際に推しを目の前にしたら、「きれい」しか出てこん。

美【び】

姿・形・色などが美しいこと。また、その様。非常に立派なこと。

(例) 推しを一言で言い表すなら「美」しかありえない。

美しい【うつくしい】

視覚的・聴覚的に調和が取れていて快く感じられる様。

(例) どの瞬間で映像止めても美しい。そんなことありえる？

美形【びけい】

美しい顔立ち。また、美しい顔の人。

(例) 美形プラス笑いのセンスもあるから、男女問わず人気がある。

美的【びてき】

美に関する様。美しい様。美学の対象になる様。

(例) 彼の美的センスはハンパない。これはもう天才としか。

美麗【びれい】

美しくてあでやかなこと。また、その様。きれいで立派なこと。

(例) 好きな絵師さんがイラストを担当した小説が美麗すぎて、思わずジャケ買いした。

しなやか【しなやか】

動作や態度がなめらかな様。たおやかで優美な様。

(例) 彼のダンスはとてもしなやかで、素人（しろうと）の私でもうまいとわかるほどのレベルだ。

別嬪【べっぴん】

非常に美しい女性のこと。美人。「別品」とも書く。

(例) うちの推し、べっぴんすぎない？　大丈夫？

華麗【かれい】

美しく華やかであること。また、その様。派手やかなこと。

(例) 舞台挨拶を見に行ったら、華麗なドレスを着た推しが登場して言葉を失った。

見好い【みよい】

見苦しくない。見た感じがいい。見るのに苦労しない。

(例) いつもぼく好みの見よい着こなしで登場してくる推し。

見目麗しい【みめうるわしい】
容貌が美しい。顔かたちが美しい。
(例) 見目麗しい彼女なら、注目を浴びるのは必然。

秀麗【しゅうれい】
整った美しさのある様。ほかのものより一段と美しいこと。
(例) 秀麗な顔立ちと優しい性格。推さない理由が見当たらない。

小綺麗【こぎれい】
ほどよく整っていて、清潔な快さを感じられる様。
(例) いつもラフな雰囲気(それも好き)なのに、たまに小ぎれいな格好をしてくるからずるい。

小股が切れ上がる【こまたがきれあがる】
すらりとして小粋な女性の様。きりっと小粋な女性。
(例) 俺の歴代の推しは、小股の切れ上がった女性ばかりだ。

端整【たんせい】
行いや容姿が正しくきれいに整っていること。その様。
(例) 端整な振る舞いに、端整な顔立ち。一生見ていられる。

端麗【たんれい】
姿・形がきちんと整っていて美しいこと。その様。
(例) 端麗な人は冷淡な印象を与えがちだが、推しはそれとは別。

典麗【てんれい】
しっかりと整っていて美しいこと。正しくて麗しいこと。その様。
(例) この作家さんの文章は典麗で音読したくなるほどだ。

麗しい【うるわしい】
目にした印象が魅力的で美しい。気品があり、きれい。
(例) 初回限定版についてきた推しのブロマイドが死ぬほど麗しい。

玉の肌【たまのはだ】
玉のようになめらかな肌。
(例) 推しの魅力は無数にあるが、高画質に余裕で耐える玉の肌をまず一番に挙げたい。

絶世【ぜっせい】
世に並ぶものがないくらいに優れていること。またとない。

（例）絶世の美女とはまさに俺の推しのことだ！

絶美【ぜつび】
これ以上がないほどに美しいこと。また、その様。

（例）明日は握手会。絶美の推しと並んで恥ずかしくないような服装で行かなければ。

鮮麗【せんれい】
色が鮮やかで、きれい・麗しいこと。また、その様。

（例）美人が多いことで有名なグループのなかで、とくに鮮麗な印象を与えていたのが今の推し。

楚楚【そそ】
可憐・清らかで美しい様。

（例）推しがいじられたときに見せる、楚楚と恥じらう姿が好き。

マドンナ【まどんな】
聖母マリア。転じて男性たちの憧れとなる美しい女性。

（例）このマドンナ役に俺の推しを選んだ人天才だと思う。

佳人【かじん】
美人。顔が美しく姿のいい女性。美しい人。

（例）彼女は文学少女だから美人というより佳人がしっくりくる。

傾国【けいこく】
王がその色香に心を奪われて国を危うくするほどの美女。

（例）俺の推しみたいな人のことを傾国というんだろうな。

傾城【けいせい】
王がその色香に溺れて城を傾けてしまうほどの美しい女性。

（例）推しのために身を捧げる者続出。まさに現代の傾城！

小町【こまち】
（小野小町が美人だったということから）噂（うわさ）の美しい娘。

（例）小町のような新メンバーが入ったと聞いて見てみたが、想像以上だった。

大和撫子【やまとなでしこ】
日本女性がもつ清楚な美しさをたたえる言葉。

（例）推しのために生まれた言葉なのか?っていうくらい「大和撫子」という言葉が似合う。

美少女【びしょうじょ】
顔かたちが美しい少女。容貌がきれいな少女。
(例)このドラマ美少女しか出てこないから、全然目が足りないよ。

美少年【びしょうねん】
顔かたちが美しい少年。容貌がきれいな少年。
(例)怖いくらいに美少年……。これが私と同じ人間? うそでしょ?

可愛い【かわいい】

深い愛情で大事に扱いたい気持ち。愛らしい魅力をもっている。小さくてほほえましい。
(例)俺史上最高、超絶かわいいアイドルが降臨した!

キュート【きゅうと】
活発でかわいらしい様。
(例)見て! 絵師さんが私の推しをこんなにキュートに描いてくれたよ!

チャーミング【ちゃあみんぐ】
かわいらしくて魅力のある様。人の心を引きつける様。
(例)チャーミングな笑顔が大好き。絶対に守りたい。

プリティ【ぷりてぃ】
かわいい様。邪気がなく、人の心を引きつける様。
(例)ファンサのときのウインクが最高にプリティ。

めんこい
かわいい。愛らしい。「めんごい・めごい」とも。
(例)姪っ子がめちゃめんこい。身内推しというのもあるか。

ラブリー【らぶりい】
愛らしい様。かわいらしい様。すばらしい様。
(例)俺の推しはびっくりしたときの仕草がラブリーで、ついつい驚かせようとしてしまう。

愛くるしい【あいくるしい】
愛嬌があって大変かわいらしい。おもに子どもや若い女性に用いる。
(例)メンバーによってさらされた推しの寝顔が愛くるしい。

愛すべき【あいすべき】
かわいらしく感じられる。好ましく感じられる。愛らしい。
(例)推しに楽曲提供してくれた

ボカロPは愛すべき存在だ。

愛愛しい【あいあいしい】
かわいらしい。愛嬌がある。愛想がいい。
(例) 握手会終わりに手を振る姿が愛愛しい。これを見られただけでも来た価値がある。

可愛げ【かわいげ】
かわいい様。かわいいと思わせるところ。かわいらしさ。
(例) 推しがかわいげのかたまりで、あふれる感情を制御できない。しんどい。

可憐【かれん】
いじらしくてかわいいこと。いたわりたくなる様子。
(例) このシーンの推しが可憐で好きすぎて、もう何十回と見てる。

天使のよう【てんしのよう】
心が清らかで優しい人を例える言葉。
(例) 天使のような笑顔が尊い。今日もまた生きられる。

水の滴るよう【みずのしたたるよう】
美男・美女の魅力的な形容。みずみずしくて美しい様。
(例) 透明感があって、水の滴るような女性だ。

恰好良い【かっこいい】

姿・形・様子・言動などが好印象を与える。見栄えがいい。
(例) 顔はもちろんかっこいいけど、内面もかっこいいのよ、私の推し。

鯔背【いなせ】
粋で威勢がよく、さっぱりした若者の様。そのような気風。
(例) 推しの浴衣姿がいなせでほれ直した。

眉目秀麗【びもくしゅうれい】
容貌が端整であり、美しいこと。
(例) 眉目秀麗な推しの写真を眺めていると癒やされる。

益荒男【ますらお】
勇気があって強い男。武人・兵士を指すことも。立派な男。
(例) 普段はおとなしいのに、ますらおになってヒロインを助けたシーンを見て完全に落ちた。

イケメン【いけめん】
容姿の優れた男性。「いけてる(かっこいい)」にmenをつけたもの。「面」という説も。

（例）顔だけじゃなくて中身もイケメンなのかよ……。

好漢【こうかん】

気性がさっぱりしていて、元気で気持ちのいい男。快男子。

（例）私の推しはいつでも元気を分けてくれる好漢だ。

好男子【こうだんし】

好感がもてるさっぱりとした気性の男。顔立ちの美しい男。

（例）推しそっくりの好男子がいて、朝からテンション上がった。

精悍【せいかん】

動作や顔つきに鋭く勇ましい気性が現れていることや、その様。

（例）ときおり見せるあの精悍な横顔が目に焼きついて離れない。

色気【いろけ】

恋愛の上での関心や欲求。性的な魅力。おんなっけ。愛嬌や愛想、おもしろみ。野心。

（例）この色気はどこから出てるの？ いつもと別人じゃん。

凄艶【せいえん】

思わずぞっとするほどに艶やかで色っぽい様。

（例）ボーイッシュなあの子が見せた凄艶な仕草に、何人のオタクが推し変（へん）したことか。

肉感的【にくかんてき】

性欲を刺激し、そそる様。

（例）買ったばかりの推しのフィギュア。肉感的な造形が美しく、すばらしい。

悩殺【のうさつ】

ひどく悩ませること。性的魅力で相手の心をかき乱すこと。

（例）推しのファースト写真集やばい。悩殺されまくり。

濃艶【のうえん】

あでやかで美しいこと。艶やかで美しいこと。その様。ある程度年齢を重ねた女性に使うことが多い。

（例）推しみたいに濃艶な怪盗なら、いくらでも盗みに入ってほしい。

豊艶【ほうえん】

ふくよかで艶やかなこと。肉づきがよく美しいこと。

（例）水着姿の推しが思いのほか豊艶で一瞬ときが止まった。

豊麗【ほうれい】
豊かな感じであり、美しいこと。また、その様。
(例) 気づけば推しが少女から豊麗な女性に成長していた。

魔性【ましょう】
悪魔がもっているような性質。人を惑わし、迷わせる性質。
(例) 男女問わずとりこにする推しのなかには魔性が潜んでいると思う。

誘惑【ゆうわく】
心を惑わせて、悪い道におびき出すこと。また、その誘い。
(例) 推しに誘惑される夢を見た。なぜ目を覚ました、俺。

妖艶【ようえん】
相手を惑わすような、あやしいほどになまめかしい美しさ。
(例) 妖艶な衣装も着こなしてしまうんだから、さすがです。

グラマー【ぐらまあ】
肉体が豊かで、性的な魅力がある様。肉づきのいい様。
(例) グラマーでスタイル抜群！　女性としてあこがれる。

コケティッシュ【こけてぃっしゅ】
女性のなまめかしくて色っぽい様。気をそそる様。
(例) 推しのコケティッシュな雰囲気が大好きだ。

セクシー【せくしい】
性的な魅力のある様。性的な印象の強い様。
(例) 待て。推しがセクシーなのは同意だが、俺にも語らせろ。

艶めかしい【なまめかしい】
色っぽくてあでやか。相手をそそるような魅力がある。
(例) なまめかしいポーズでも気品を失わないところが好き。

艶っぽい【つやっぽい】
色っぽい。色気があってなまめかしい美しさがある。
(例) 推しの瞳が艶っぽい。モニター越しでよかった。

艶姿【あですがた】
女性のあでやかで美しい姿。艶容。
(例) 浴衣を着た推しのあで姿にもだえ死んだ。

艶麗【えんれい】
容姿がなまめかしく、あでやかで美しいこと。その様。若すぎず、年齢もそれほど重ねていない女性に使うことが多い。
（例）こんな艶麗なタッチの推しが拝めるとは……絵師様に感謝。

魅力的【みりょくてき】
人の心を引きつける力のある様。魅力のある様。
（例）魅力的な子が多すぎるから箱で推すわ。

魅惑【みわく】
人の心を引きつけて惑わせ、理性を失わせること。
（例）推しのこの魅惑的な笑顔は、人類が生み出した奇跡。

妖美【ようび】
心を惑わせるようなあやしい美しさ。また、その様。
（例）妖美か、これが妖美というやつなのか。

洒落た【しゃれた】

服装などが流行に合っていてセンスがいい。あか抜けしている。気が利いている。
（例）ステージ衣装がこれまで以上にしゃれたデザイン。運営への感謝しかない。

洒落っ気【しゃれっけ】
おしゃれをしたい気持ち。気の利いた言葉で感心させたい気持ち。
（例）推しのトークはしゃれっ気たっぷりなのであきない。

洒落込む【しゃれこむ】
念入りにおしゃれをする。普段はしない気の利いたことをする。
（例）しゃれ込んだ服を着た新鮮な推しが見られるので、もっとモデルの仕事を増やしてほしい。

お粧し【おめかし】
念入りに化粧をしたり身なりを飾ること。おしゃれをすること。
（例）普段あんな服着ないのに、授賞式だからっておめかしさせられてる推しメンかわいい。

着熟す【きこなす】
自身に似合うように衣服を上手に着る。身なりを飾り立てる。
（例）どんな服でも完璧に着こなす推し、強すぎる。

着映えする【きばえする】
身にまとったときに衣服がいっそう立派に見えること。
(例) 同じ服なのに、推しと私では着映えの仕方がまるで違う。

ドレッシー【どれっしい】
服装やアクセサリーなどがしゃれている様。やわらかで優美。
(例) オフの推しの姿もドレッシーで好き。かわいさ年中無休。

趣味が良い【しゅみがよい】
センスが洗練されている様。いけている。
(例) 俺の趣味がよいかどうかは歴代の推しを見て判断してもらおうか。

垢抜けた【あかぬけた】
容姿や動作、芸などが洗練されている。野暮なところがない。
(例) デビュー時に比べると、見違えるようにあか抜けた。まるで別人のようだ。

瀟洒【しょうしゃ】
あか抜けてすっきりしている様。俗気がなくしゃれている様。
(例) 実家はレンガ造りのしょうしゃな館。そう、俺の推しは生粋（きっすい）の令嬢らしい。

渋皮が剥ける【しぶかわがむける】
あか抜けして美しくなる。
(例) フラレた地味キャラが渋皮がむけて見違える展開とか、定番だけど熱いよね。

洒脱【しゃだつ】
俗気がなく、さっぱりした趣があること。あか抜けていること。
(例) 推しの着こなしはいつも洒脱で尊敬する。

洗練【せんれん】
人柄・趣味などを品位の高いものに磨き上げること。
(例) 日に日に推しの美しさが洗練されていく。

臈長ける【ろうたける】
洗練された美しさと気品があること。
(例) こんなろうたけた美女になるなんて、連載当初誰が予測できた？ 好きでしかない。

伊達【だて】
派手な振る舞いなどで見た目を飾ること。好みが粋。
(例) レイヤーさんの立ち振る舞

いがだてで、キャラの魅力が120%再現されている。

煌めく【きらめく】

美しく光り輝いている。きらきらする。また、華やかで人の目を引く。派手に振る舞う。

(例) 推しが登場するシーンは、画面がすべてきらめいて見える。今日も好きだ。

燦然【さんぜん】

きらきらと鮮やかに輝く様。明らかな様。鮮やかな様。

(例) 推しの流れるような黒髪に天使の輪が燦然と輝いている。

眩い【まばゆい】

目を開けていられないほどに美しい。容貌が美しい。

(例) 太陽のようにまばゆい推しの笑顔は今日も健在だ。

眩しい【まぶしい】

あまりに美しいのでまともに見ることができない。尊い。

(例) 推しがまぶしすぎて生では直視できないので、円盤化希望！

輝かしい【かがやかしい】

光輝くようにすばらしい。華々しい。きらきら光っている。

(例) 俺にとって推しは輝かしい存在であり、人生のすべて。

目もあや【めもあや】

まぶしいほどに美しい様。まばゆいほど立派な様。

(例) 目もあやな登場シーンに全身鳥肌。

コラム

歴史あるコピー

「灘(なだ)の生(き)一本(いっぽん)」という言葉を聞いたことはあるだろうか。「灘（兵庫県神戸市）で生まれたまじりけのない原酒」という意味だ。テレビCMなどで使われていたが、じつは江戸時代からある宣伝文句。

「○鶴」とか「○関」って言われるより高級感が出るな～
ふぃ～

容姿・装い
人柄
雰囲気
形や体裁

人懐っこい【ひとなつっこい】

愛嬌があり親しみやすい人柄。どんな相手ともすぐに打ち解け、仲よくなれること。

(例) ときおり見せる人懐っこい笑顔に心を乱さない人間がいるとはとうてい思えない。

あざとい

子どもっぽい。また、抜け目がない、ずる賢い。

(例) あんなにあざとくお願いされたら、ＣＤを積む以外の選択肢ないだろ。

愛嬌【あいきょう】

表情や言動が愛らしいこと。また、ひょうきんで憎めない表情や仕草。

(例) 推しは誰にでも愛嬌を振りまく小悪魔だ。

あどけない

無邪気でかわいい。することが幼い。子どもの態度や様子などが無心で愛らしい。

(例) あどけない推しの自撮りは即リツイートしちゃう。

天真爛漫【てんしんらんまん】

無邪気でものごとにこだわりがないこと。ありのままであること。

(例) ぼくの推しは天真爛漫を絵に描いたような女の子だ。

天衣無縫【てんいむほう】

無邪気で飾り気がないこと。自然な感じで好ましいこと。

(例) 推しの天衣無縫な振る舞いはじつに罪深い。

幼気【いたいけ】

幼くていじらしい様。幼くてかわいい様。小さくかわいらしい様子。

(例) 推しのいたいけな姿を見ていると幸せでとろけそう。

純真【じゅんしん】

心にけがれや偽(いつわ)りなどがないこと。純粋で清らかなこと。

(例) 純真だからあんなドッキリに引っ掛かるんだろうな。

純情【じゅんじょう】

邪心(じゃしん)がなく純真な心のこと。また、その心をもっている様。
（例）この先有名になっても、今の純情さを忘れないでほしい。

無垢【むく】
心身が汚れておらず純真なこと。うぶなこと。また、その様。
（例）推しの無垢な笑顔は芸術よりも芸術。リアル美の化身。

イノセント【いのせんと】
純粋、あるいは無邪気な様。けがれを知らない様子。
（例）イノセントな愛を貫く推しの姿が健気で泣ける。

初心【うぶ】
世間ずれしておらず、初々しいこと。純情な様。男女間の隠語として使われることもある。

（例）うぶそうなのに、がんばって背伸びする推しが尊い。

罪が無い【つみがない】
下心などはなく純真である。無邪気である。悪気がない。
（例）罪がない存在というのは俺の推しのことを言うんだろう。

素朴【そぼく】
性質や言動などがありのままで飾り気がないこと。その様。
（例）素朴な性格が好評で、じわじわ人気が上がってきている。

一途【いちず】
一つのことだけにひたすら打ち込むこと。ひたむきな様。もっぱらその方向一筋。
（例）推しに対する一途な思いだけは、誰にも負けない。

直向き【ひたむき】
一つのことだけに集中し、忍耐強く一生懸命に打ち込むこと。
（例）初期の作品と比べれば漫画家さんのひたむきな努力が伝わってくる。

一意専心【いちいせんしん】
わき目もふらずにそのことだけに心を集中すること。
（例）オタクとして、一意専心、推しの布教活動に励む。

一心【いっしん】
一つのことに心を集中すること。また、その心。専心。
（例）ライブに行きたい一心で、仕事を終わらせて休みを勝ち取ったぞ！

一本気【いっぽんぎ】
純粋で、ものごとを一途に思い込む性質であること。その様。
(例) 真面目で一本気な推しはメンバーと衝突することもあるんだろうな。

優しい【やさしい】

他人に対して思いやりがあって親切である。心が温かい。穏和で好感がもてる。
(例) 推しは誰にでも優しいので、握手会人気が高い。

お人好し【おひとよし】
他人の言うことをすぐに信じたり、引き受けたりする様。
(例) 損な役回りばかり回ってくる残念な推し。お人よしすぎるんだよな……まぁ、そこが好きなんだけど。

温厚【おんこう】
穏やかで、優しくまじめな様。人柄に温かみがあること。
(例) 普段は温厚なのに、仲間を傷つけられて怒る姿がかっこよすぎた。

大らか【おおらか】
人柄がゆったりとしていてこせこせしない様。
(例) 大らかと言われる俺だが推しのこととなると話は別だ。

穏やか【おだやか】
気持ちが落ち着いていておとなしい様。静かで平穏無事な様。
(例) 推しの卒業がチラついて、穏やかでいられない。

人が好い【ひとがいい】
気立てがよくて人を疑うことがない。気がいい。お人好し。
(例) 人がいいからだまされたりしないか、たまに心配になる。

寛大【かんだい】

心が広くて思いやりがあり、むやみに人を責めないこと。また、その様。
(例) リーダーが厳しい分、サブリーダーの推しは寛大に後輩を受け止めている。

情け深い【なさけぶかい】
思いやりの心が十分にある。人情味がたっぷりである。
(例) 情け深い性格でメンバーからも慕われている。

広量【こうりょう】
心が大きくて些細なことにこだわらないこと。度量が広いこと。
(例)何十枚も写真を撮っても嫌な顔一つしないレイヤーさんは神のごとく広量!

浩然の気【こうぜんのき】
日常のわずらわしい用事にとらわれることのない、大らかな気持ち。広く大きな気分。
(例)ぼくはイライラしたら推しの笑顔を思い浮かべて、浩然の気を養う。

従容【しょうよう】
急な事態にも焦ったり慌てたりせず落ち着いている様。
(例)どんなトラブルが発生しても、従容たる態度で対応する推しの頼もしさといったら。

泰然自若【たいぜんじじゃく】
態度が落ち着いていて、ものごとに全く動じない様。
(例)いつも泰然自若としている推しは頼りがいがある。

健気【けなげ】
心がけが立派なこと。とくに子どもや弱い者が困難に立ち向かう様子をほめるときに使う。
(例)何度振られても主人公を健気に思い続けている推しがいとおしい。

いじらしい
幼い子や弱い者の振る舞いが気の毒で同情したくなる感情。
(例)推してるわけではないが、このキャラはいじらしくて好き。

初初しい【ういういしい】
世間慣れしていなくて、若々しく新鮮に見える。幼い印象。
(例)初初しいリアクションかわいすぎない? 推すしかない……。

花恥ずかしい【はなはずかしい】
(花も恥ずかしがってしまうほどに)初々しくて美しい。
(例)デビューした頃から変わることなく花恥ずかしいままとか……奇跡。

甲斐甲斐しい【かいがいしい】
苦労や面倒を嫌がらず、テキパキと仕事や行動をする様。
(例)かいがいしく看病する推しを見ていたら、俺も発熱してきたかもしれない。

嫋やか【たおやか】

姿・形・動作がしなやかで優しい様。上品で美しいこと。

(例)ピアノを弾く指の動きがたおやかで、推しの育ちのよさが伝わってくる。

慎ましい【つつましい】

遠慮深く控えめな態度を指す。

(例)普段目立たない俺の推しだけど、陰で主人公たちを支える慎ましいところが好きで応援している。

清楚【せいそ】

女性の服装や姿などが清らかですっきりとしていること。けがれのない様。

(例)清楚な子が多くてマジ目移りしてしまう。どの子を推すか悩む。

淑やか【しとやか】

物言いや動作がもの静かで落ち着いた様子。慎み深い様。

(例)話してるとおしとやかなのにステージに立つと別人になる感じが好き。

大人しやか【おとなしやか】

落ち着いて穏やかな様子。年齢の割に大人びている様。

(例)グループ最年少なのに、おとなしやかな雰囲気で貫禄がある!きっと将来大物になるぞ。

清純【せいじゅん】

清楚で純真。清らかで、世間のけがれに染まっていない。

(例)いつの時代も王道は清純派だと決まってるんだ!

床しい【ゆかしい】

気品や情緒などがあって、心が引きつけられる感じ。

(例)ゆかしい人柄がにじみ出ていて尊い。推すしかない。

謙虚【けんきょ】

控えめで慎ましく、素直に相手の意見を受け入れること。

(例)謙虚な姿勢を失わない推しには尊敬しかない。

控え目【ひかえめ】

積極的に行動や発言をせず、静かで遠慮がちにしている様。

(例)派手じゃない控えめな子なのに、なぜか目が離せないところが推してる理由だよ。

腰が低い【こしがひくい】

謙虚である様。人に対してへりくだりの気持ちがある様。

(例)実力のある絵師さんってだいたい腰が低い人が多い。

気高い【けだかい】

優れていて上品に見える。おかしがたい気品を備えている。身分が高く近寄りがたい。

(例)気高き王みたいなオーラまとってて思わずひざまずきそうだった。

孤高【ここう】

ほかとかけ離れ高い境地にいること。高い志と理想をもつこと。

(例)群れたがる人より孤高の人を推す傾向がある。

高潔【こうけつ】

人柄が立派で清らかなこと。利欲に心を動かさないこと。

(例)彼の性格は至って高潔。だらしない私を厳しく指導してほしい。

凛とした【りんとした】

態度や姿、声などが凛々しく引き締まっている様。

(例)リーダーらしい凛とした態度。一生ついていきます。

気骨【きこつ】

自分の信念を曲げることなく、どんな障害にも屈しない意気。

(例)不遇な家庭環境に屈せず夢を成し遂げる気骨があり、人として尊敬している。

勝ち気【かちき】

人に負けまいとしてがんばる気性。負けん気。気の強い気性。

(例)勝ち気な女の子が好きなので、推すなら彼女一択だわ。

潔い【いさぎよい】

思い切りがいい。未練がましくなく立派であること。

(例)推しの潔い態度に思わず感涙。これは恋愛ルート突入説。

美と愛の女神

美しさや雰囲気のよさを何か別のものに例えるのはほめ言葉の定番。なかでも神霊的なものはよく引き合いに出される。女神の名前などは例えの参考になるかも。

アフロディテ

ギリシア神話の美と愛の女神。ローマ神話のヴィーナスに相当。

ヴェヌス

ローマ神話の女神。アフロディテと同一視される。英語でヴィーナス。

イシュタル

古代メソポタミアのバビロニアで信仰された愛と豊穣の女神。

アシュタルテ

フェニキア神話の女神。バビロニア神話のイシュタルに相当。

カデシュ

エジプト神話の愛と豊穣の女神。太陽神ラーの最愛の人。

ハトホル

エジプト神話の天空と愛の女神。しばしば牛の姿で表される。

フレイヤ

北欧神話において最も美しい女神。美と愛などをつかさどる。

ラクシュミー

インドの幸福と美の女神。仏教では吉祥天と呼ばれる。

巫山(ふざん)の神女

中国神話の主神、天帝の娘。死後に巫山へ葬られ、女神となった。

木花開耶姫(このはなさくやびめ)

日本神話の女神。天孫(てんそん)降臨(こうりん)で知られる瓊瓊杵(ににぎの)尊(みこと)の妃。

趣【おもむき】

風情が感じられる様子。しみじみとした味わい。気配や気分、感じ。心が動く方向。
(例) 推しの武士姿、趣ありすぎた。ほれぼれするほどのハマリ役だったよ。

小粋【こいき】
どことなく気が利いていて粋であること。少ししゃれている様。
(例) 小粋な演出があって、昨日のライブは熱かった。

情趣【じょうしゅ】
そのものに接して感じられるしみじみと落ち着いた気分や趣。
(例) 作品世界の情趣をつかんでるわ、このレイヤーさん。

情緒【じょうちょ】
ものごとにふれて起きる微妙な感情。感慨を催させる独特の味わい。
(例) 推しのナレーション、情緒たっぷり。ずっと聞いていたい。

情味【じょうみ】
ものの趣やおもしろみ。情景から感じる温まるような味わい。
(例) 推しくんが立ってるだけで、どんな場所でも情味が出る説。

興趣【きょうしゅ】
味わいのあるおもしろみ。楽しく愉快に感じられること。
(例) あなたの推しが私の推しの姉。それは興趣が湧きますね。

風情【ふぜい】
風雅な味わい。趣のある感じ。気配や様子、あり様。
(例) 推しが映ってるだけでどんな景色も風情を感じる。

風流【ふうりゅう】
上品で落ち着いた趣があること。俗を離れた趣のあるもの。
(例) 今日の握手会はメンバー全員浴衣か。風流だな。

風致【ふうち】
自然の風景などがもつ趣や味わい。風趣。風韻。
(例) この絵師さん、人物だけでなくこんなすばらしい風致も描けるんだ……天才。

乙【おつ】
少しばかり気が利いていて趣のある様。普通とは違う様。
(例) この展開であのキャラを再

登場させるとは、作者も乙なことするな……。

雅【みやび】
上品で優美なこと。都会的であること。風采が立派なこと。
(例) ふとした瞬間に出る、推しの雅な雰囲気が王子様みたいでとても好き。

雅趣【がしゅ】
風流を感じる味わい。風雅のある趣。雅やかな風情。
(例) 年明けに見られる推しの着物姿はやはり雅趣がある。

典雅【てんが】
正しく整っていて品のよさが感じられる様。雅びやかな様。
(例) 2期の主題歌は典雅な雰囲気で、ストーリーの内容ともマッチしてる。

閑雅【かんが】
しとやかで、落ち着いていて優雅なこと。静かで趣があること。
(例) マニアックな推しポイントを挙げるとしたら、彼女の閑雅な歩き方かな。

高雅【こうが】
気高くて優雅なこと。上品で雅やかなこと。また、その様。
(例) 凛として高雅。で、たまにデレ。控えめに言っても最高。

気の利いた【きのきいた】
ものごとを行うにあたって細かいところまで気がつく。機転がきく。
(例) 気の利いたプレゼントが思い浮かばないから、推しの「いいね」欄遡るわ。

格調高い【かくちょうだかい】
詩歌や文章など芸術作品がもっている全体の品格が大変に優れていること。
(例) 格調高い文体なのにリズム感があるからサクサク読める。この作家さん、すごい。

高尚【こうしょう】
ものごとの程度が高くて立派な様。知性や品性の程度が高いこと。
(例) このキャラクター、たまに高尚なこと言うからめっちゃ好き。

品の良い【ひんのよい】
自然と外に表れる好ましい性

質。品格。風格。
(例) 品のよい食べ方ができる人が好き。だから推しが好き。

品位【ひんい】
人や事物に備わっている品のよさ。自然に尊敬したくなる品。
(例)「品位に欠ける人は苦手」という推しの言葉は人生の指針。

品格【ひんかく】
その人やその物から感じられる厳かさや上品さ。品位。
(例) 推しの品格はきっと天性のものだ。

品性【ひんせい】
道徳的な基準で見る、その人の性質。人格。人品。
(例) 品性を磨いて、推しにふさわしい私になりたい。

風格【ふうかく】
その人の言動や容姿、態度に現れ出る品格。独特の趣。
(例) 新人らしからぬ風格がある。グループでの将来が楽しみだ。

霊気【れいき】
不思議で計り知れない雰囲気。霊妙で神秘的な気配。
(例) 透き通る肌に長い髪。推しの今回の役柄には霊気すら漂う。

豪華【ごうか】
きわめて贅沢(ぜいたく)で華やかなこと。度を超えて派手なこと。あるいは、その様。
(例) 推しのBD特典がめちゃ豪華で鑑賞用と保存用と布教用を買うしかないんだが。

絢爛【けんらん】
きらびやかな様。華やかで美しい様。文章表現が鮮やか。
(例) 絢爛かつ鮮やかなオーラを身にまとう推しはもう人間国宝。

ゴージャス【ごおじゃす】
贅沢で、きらびやかな様。並はずれて贅沢なこと。豪華。
(例) 推しのファッション、めちゃゴージャスでテンション上がる。

煌びやか【きらびやか】
輝くばかりに美しく、華やか。言動がきっぱりしている様。
(例) 握手会でようやく会えた推しはきらびやかな天使だった。

豪儀【ごうぎ】
行いが大きくて度肝を抜かれる様。威勢のよい様。立派。

（例）バイト代をすべて推しに注ぐ豪儀な振る舞いに心から共感。

豪勢【ごうせい】
景気がよくて派手な様。はなはだしく贅沢なこと。その様。
（例）このアニメの声優陣、豪勢すぎん？

派手やか【はでやか】
人目を引くほどに華やかな様。派手な印象を与える様。
（例）派手やかな見た目と人見知りする性格のギャップがたまらなくかわいい。推せる。

華華しい【はなばなしい】
華やかで優れている。華やかで見事である。「花花しい」とも。
（例）これまでにない華華しい演出に心を全部もっていかれた。

華美【かび】
美しく華やかなこと。贅沢で派手。華やかすぎて不相応。
（例）華美な装いの推しが見たくて写真集を買ってしまった。

荘厳【そうごん】
威厳があって重々しく気高いこと。おごそかで立派なこと。
（例）荘厳な世界観を描かせたら神がかってるな、この絵師さん。

壮大【そうだい】
スケールが大きくて立派なこと。また、その様。
（例）回を追うごとに推しの活躍シーンが壮大になっていく。

雄大【ゆうだい】
スケールが大きくて堂々としていること。その様。
（例）この作品は雄大な音楽世界にも注目してほしい。

のんびり

あくせくせずに、ゆったりとくつろいでいる様。のびのびとしている様。
（例）推しの生配信は何が何でも見たいから、そうそうのんびりしていられない。

仄仄【ほのぼの】
かすかに明るい様。心がほんのりと温まるような様。
（例）このアニメを見るとどんなに疲れていてもほのぼのする。

ほんわか
温かみがあって心が和む様。気

持ちのよい様。

(例) ほんわかした話し方は聞いていて心地いい。

安らか【やすらか】

変わったことがなく穏やかな様。心配事がなく心が穏やか。

(例) 推しの安らかな笑顔。涙なしでは見られないシーンだ。

円満【えんまん】

性格が穏やかで調和が取れている。ものごとの様子が穏やか。

(例) 推しが円満に卒業できることを祈っている。

自然体【しぜんたい】

気負いがなく、あるがままの態度。先入観のない自然な態度。

(例) あれだけ売れてるのに自然体でいられるのってすてきすぎるな。

柔和【にゅうわ】

性質や態度が優しく穏やかなこと。ものやわらかな様子。

(例) どんな人にも柔和に対応するところが、推しの人気の理由だと思う。

心温まる【こころあたたまる】

人の誠意や愛情に心が和む。人情にふれて和やかな心になる。

(例) 今日の配信では心温まる話が聞けた。また違う推しの魅力を知ることができてうれしい。

晴耕雨読【せいこううどく】

晴れの日には土を耕し、雨の日には家で読書。悠々自適の生活のこと。

(例) 卒業後は晴耕雨読の生活を送ってほしい。

おっとり

人柄や態度が落ち着いている様。こせこせしていない様。

(例) 新メンバーはおっとりした美少女。もろストライクゾーンです。

ゆったり

あわてることなく、ゆとりがある様。窮屈でなく快い。

(例) ゆったりとした空気感が好きでついつい動画を見てしまう。

和む【なごむ】

気持ちが落ち着いて穏やかになる。和やかになる。

(例) 推しの笑顔で心が和むのは

私だけではないはずだ。

長閑【のどか】

雰囲気や態度が落ち着いた様。ものごとを気にかけないのんきな様。

(例) のどかな雰囲気でいつもぼくを癒やしてくれる推しは神でしかない。

平らか【たいらか】

心が落ち着いていて穏やかである。無事平穏である様。

(例) どんなにピンチでも、平らかな表情で敵を倒していく姿がクール。守ってほしい。

鷹揚【おうよう】

余裕があって小事にこだわらないこと。ゆったり振る舞うこと。

(例) 俺の推しは、アンチのコメントもおうような態度で受け流す。メンタルが強くてかっこいい。

悠悠【ゆうゆう】

あわてることなく、落ち着いている様。余裕のある様。

(例) 歌詞を間違えたってこの悠悠とした態度。さすがはベテランだな。

悠悠自適【ゆうゆうじてき】

世間のわずらわしさから離れて、自分の思いのままに静かに暮らすこと。

(例) 猫との悠悠自適な生活をのぞき見してるみたいで、推しのインスタグラム見るの好き。

悠長【ゆうちょう】

落ち着きがあって気の長いこと。のんびりとしていること。その様。

(例) 悠長にしていたら推しのバースデーライブまであと3日だ。プレゼント決めてない。

悠揚迫らぬ【ゆうようせまらぬ】

ものごとに対して動揺しない様。焦っている様子がないこと。

(例) 推しはこの作品のなかで最強と言われているだけあって、どんなにピンチでも悠揚迫らぬ姿を崩さない。

春風駘蕩【しゅんぷうたいとう】

ゆったりとしている様。ものごとに動じず、余裕のある様。

(例) 中学生なのに大人顔負けの春風駘蕩とした態度。マジリスペクト。

清い【きよい】

汚れや濁りがなく、きれい。さわやか。心に不純な点がない。

(例) 推しは尊い存在なので清い心で会いに行くと決めている。

清める【きよめる】

けがれを取り除いてきれいにする。恥や汚名を取り除く。

(例) 私は仕事で心がすさんだら、推しの歌声をフルボリュームで浴びて心を清めている。

清らか【きよらか】

汚れがなく澄み切っていて美しい様。濁りがなく澄んでいる様。清純な様。

(例) 瞳も肌も声も笑顔もたたずまいも、すべてにおいて推しは清らか。異論は認める。

澄み渡る【すみわたる】

一面、くもることなく澄む。汚れがなくなりきれいになる。

(例) 澄み渡る空の下、麦わら帽子の推しが写る写真。もはや芸術としか思えん。

清廉【せいれん】

私欲がいっさいなく、心が清らかなこと。その様。廉潔。

(例) このクオリティのイラストを無料配布してるのか？ 絵師さんマジ清廉。

清冽【せいれつ】

水などが清らかに澄んでいて冷たいこと。その様。

(例) 疲れた心を癒やしてくれる推しは、まるで清冽な湧き水。

コラム

忘れたくない美しい言葉

「古式ゆかしい」を「古式豊かに」だと間違う人がいる。ゆかしいは「行く」から変化したもので、「興味を引かれる」などの意味で使われる。このきれいな言葉が忘れられつつあるのは寂しいことだ。

良質【りょうしつ】

品質や性質、状態などが大変に優れていること。また、その様。上等。

(例) 俺的に良質な作品を見分ける方法はたった一つ。推しが出演しているかどうかだ。

珠玉【しゅぎょく】

美しいものや尊いものの例え。とくに芸術作品にいう。

(例) 俺の推しのデビュー作は、ひいき目抜きにしても珠玉の名作だと思う。

流麗【りゅうれい】

よどみがなく美しい様。文章や音楽がなめらかで美しい様。

(例) シーズン2のOPはかなり流麗で作品にもぴったりだ。

完全【かんぜん】

足りない点や欠けていることがないこと。必要な条件がすべて満たされていること。その様。

(例) エンディングでまさかの大どんでん返し……完全にしてやられた。

完全無欠【かんぜんむけつ】

欠点や不足が全くなく、非の打ちどころがないこと。

(例) は？　ぼくの推しは完全無欠ですが何か？

完璧【かんぺき】

(傷のない玉（璧）の意から) 欠点が全くないこと。

(例) 推しはどんな仕事も完璧にこなす天才。

間然する所がない【かんぜんするところがない】

非難すべき欠点が一つもない。「間然」は批判・非難の意。

(例) 間然するところがない実写映画は初めてだ。

金甌無欠【きんおうむけつ】

完全で欠点がない。国家が強固で他国の侵略を受けないこと。

(例) こっちには金甌無欠の推しがいるのでランクインは確実。

十全【じゅうぜん】

十分に整っていて危なげがないこと。欠点がなく完全な様。

(例) 十全な炎上対策で推しが守られた。事務所、グッジョブ！

パーフェクト【ぱあふぇくと】
すべてが完璧であること。あるいは、その様。完全なこと。
(例)推しはアイドルとしてパーフェクトなんだよな。

非の打ち所がない【ひのうちどころがない】
欠点がなく完全であること。非難すべきところがないこと。
(例)非の打ち所がない上にかわいげもあるから、たまらない。

文句無し【もんくなし】
苦情を口にする余地がないこと。議論の余地がないこと。
(例)誰が見ても文句なしのキャスティングだ。

万全【ばんぜん】
手落ちが全くないこと。きわめて完全であること。
(例)推しのステージには万全の体調でのぞむ。

精巧【せいこう】

細かな点にまで仕組みが行き届いていてよくできていること、様。狂いがなく正確。
(例)精巧につくられた武器やコスチュームが展示されていて、アニメの世界に入り込んだような幸せ空間だった。

精密【せいみつ】
細かい部分まで巧みにつくられていること。その様。
(例)このフィギュアは推しの髪の毛一本一本まで精密に再現されている。

精緻【せいち】
非常に細かいところまで行き届いていること。きわめて綿密なこと。精密。
(例)精緻を極めた描写がすごい。この作家さんは天才。

綿密【めんみつ】
詳しくて細かいこと。すみずみまで注意が行き届いていること。
(例)俺の推しがここまで綿密にキャラ設定されていたとは!

緻密【ちみつ】
細かく詳しいこと。細部まで行き届いていること。また、その様。
(例)ここまで緻密に描き込むアニメーターさんの職人魂すごくないですか?

推し事Q&A

ケース4

Q. 推している作家の人気が出ません。どうすればたくさんの人に魅力を知ってもらうことができるでしょうか？

A. ほかの人にその魅力を伝える言葉を見つける、表現を見つける格闘をやめないことです。

これは、難しい問題ですね。作品や作家の雰囲気を、ぴたりといい当て、それを人にわかりやすくプロモーションできるコピーライターがいるといいのですが……なかなかそうはいきません。「美しさ」をどう言い換えるか、どう表現するか、それは砂の中に一粒の宝石を見つけるつもりで、言葉と格闘していくしかありません。ただ、忘れてほしくないのは、きっとその「言葉」はどこかにあるということです。言葉を見つける、表現を見つける格闘をやめないことです。

推し事Q&A
ケース5

Q. **推しのブログを読んでいて、「ちょっとよくない表現だな」と思うことがあります。伝えたほうがいいでしょうか？**

A. **読む人を嫌な気にさせるようなものなら注意したほうがいいかもしれません。**

「ちょっとよくない表現」ということがどういう意味か、これだけではわかりませんが、読む人を嫌な気にさせる（たとえば差別や偏見を助長する）ようなものなら注意したほうがいいかもしれません。「推し」はもともと「推薦する」という言葉から派生して出てきたものです。人に推薦するのであれば、さわやかさや美しさが大切ですね。あまりにしつこく下劣だと「推し」にはならず、「引き倒し」になってしまいますね。

推し事Q&A

ケース6

Q. **推しに応援のメッセージを送るか迷っています。ほかのファンの文章がうまくて、私のつたない表現じゃ失礼かなと。**

A. **「学びて時に之（これ）を習う」です。**

『論語』の冒頭に「学びて時に之を習う」という言葉があります。これは「人と交わって、すばらしい技術などを習い、それを自由自在に使えるようにする」ということを表しています。「習うより慣れよ」という諺（ことわざ）もありますが、「私のつたない表現じゃ失礼な気がして」などと考えず、文章のうまい人とつながり、その人たちの表現をまねたりしながら、言葉をどんどん習得していくといいと思います。諦めずに繰り返していればそのうちに、きっとあなたにもすばらしい文章がすらすらと書けるようになる日が来ます。

第3章

「すごい」「最高」しか出てこないとき

控えめに言って

好き

先を行くそなたの武勲には、いくら速い恩賞の翼をもってしても追いつけぬ、もう少し手柄を控えてくれたならば、わしのほうも感謝と褒賞をなんとかそれに合わせることができたであろうに

――ウィリアム・シェイクスピア『マクベス』(小田島雄志訳)

戦果を挙げた将軍マクベスの凱旋(がいせん)に際し、スコットランド王ダンカンが告げた言葉。ダンカンは領地を与え報いたが、王位を望むマクベスに暗殺された。

相手に「心の底からすごい」と思っている気持ちを伝えたくても
うまく言葉に表すことができなくてもどかしく思うことが多々あるけれど
さいこう！
ゔーーん
この表現を見るともどかしい気持ち自体を相手に伝えるのもいいかもしれないと思えるな～
もや
もや
もや
「どんな称賛の言葉を並べても足りない」
とかも同じ感じかね
「あなたの書くストーリーがすばらしすぎて私の理解が追いつかない」
はどう？
フフ…
とてももどかしい…
それは何ともいえないな…
がんばれ

まるで悪魔が美少年紳士に化けたような感じである。「これはただの人間ではないな……」と私は思った

——澁澤龍彦『天使たちの饗宴』

後に小説家として芥川賞をとる唐十郎。役者としての彼に対する、澁澤龍彦の初対面での印象。

あの方ったら、なんだかこう、さっぱりと、すべすべして、まるでお湯からあがったように新鮮な感じにおなりになったじゃない、あなたそうお思いにならない？

——レフ・トルストイ『戦争と平和』（中村白葉訳）

財産目当ての妻と別れ、ひとり身になった主人公ピエールに対する、ナターシャの評価。

おれはよく承知している、おれの魂は彼女の魂の百万分の一にも値しない下劣なものであること、彼女のあの気高い心のほとばしりは、天使のように純粋な、いつわりのないものであることを！

―― フョードル・ドストエフスキー『カラマーゾフの兄弟』（江川卓訳）

カラマーゾフ家の長男ドミートリィが、婚約者カチェリーナを表した言葉。自分のような人間に彼女はふさわしくないと、三男アレクセイに伝言を頼む。

気持ちが重い
百万分の
にも値しない
数字を使うとどれだけ強く思っているか伝わるね
私は数字でいうと
1億年待った
うれし〜!!
待ちわびてた情報解禁
とはよく言うな…
うん…
大げさな数字に見えるかもしれないがそのくらいいろんな思いがこもっている

私の動脈はこんなひとにも噴水の様なしぶきをあげて来る

――林 芙美子『放浪記』

恋人と別れ、金銭的に苦しい生活を送る「私」。わずらわしく感じていたはずの画学生・吉田さんのふとした言葉に切ない気持ちになる。その心の動きをこう表した。

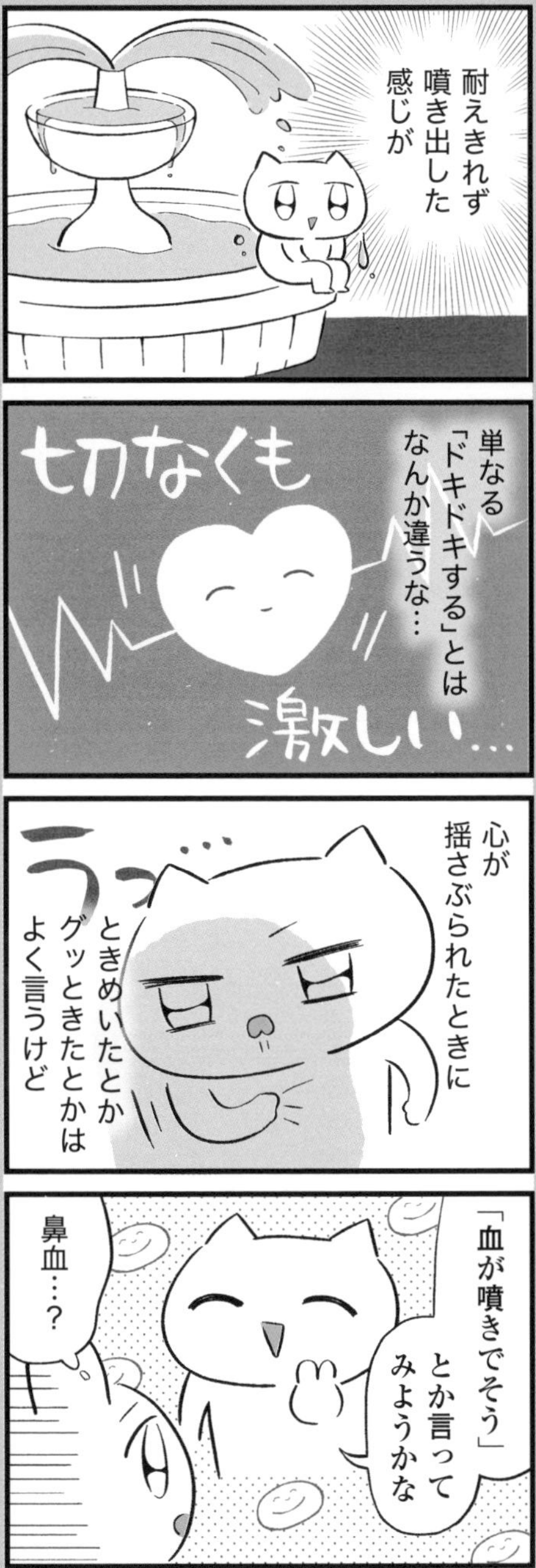

耐えきれず噴き出した感じが
単なる「ドキドキする」とはなんか違うな…
切なくも
激しい…
心が揺さぶられたときにときめいたとかグッときたとかはよく言うけど
うっ…
「血が噴きでそう」とか言ってみようかな
鼻血…？

良い【よい・いい】

人の行動やものごとの性質などが、ほかよりも優れている状態。
(例) あのドラマのオープニング曲、かなりいいよね。

宜しい【よろしい】
よいの丁寧な言い方。または尊大ぶった言い方。使い方によっては、「まぁ悪くはない」というニュアンスが出るので注意。
(例) 映画化、しかも監督も脚本も人気の方。じつによろしいんじゃないでしょうか！

絶好【ぜっこう】
ものごとを行うのにきわめてよい、最適なこと。
(例) 推しレイヤーさんを生で見る絶好の機会！

絶妙【ぜつみょう】
巧み。さじ加減がうまい。
(例) 推しが上司ならかっこよすぎて死ぬし、後輩ならかわいすぎて死ぬし、同僚ならかっこよさとかわいさのバランスが絶妙で結局死ぬ。

凄い【すごい】

程度がはなはだしく、驚くべき様子。
(例) チャンスで見せた彼の集中力は本当にすごかった。

凄まじい【すさまじい】
ものすごい。恐ろしいほどの勢いであること。
(例) アンコール後の割れんばかりの拍手がすさまじかった。

素晴らしい【すばらしい】
感銘を受けるほどに優れている様。
(例) クオリティがすばらしい！

舌を巻く【したをまく】
ひどく驚いて、感心する。すばらしさに圧倒される。
(例) 歌やダンスだけじゃないの!? プロも舌を巻くバラエティセンス！

目の覚めるような【めのさめるような】
鮮やかさや美しさに目を奪われ、眠気が吹っ飛ぶほどの。
(例) 目の覚めるような美貌に、文字どおり眠気が吹っ飛ぶ。

目覚ましい【めざましい】
びっくりするほどすばらしい。目を見張るくらい立派な様。

(例) ここ最近、推しのクオリティが目覚ましい。

絶賛【ぜっさん】
ほめちぎること。この上ない称賛。

(例) 監督がつくり上げた渾身の作品。絶賛せざるをえない。

見事な【みごとな】
すばらしい様。立派な様。巧みな様。完全である様。

(例) なんと見事な造形美だろうか。完璧すぎて恐ろしい。

結構な【けっこうな】
優れていて欠点がない様。副詞として「けっこうおもしろい」のように使うと、完全ではないがそれなりにという意味になるので注意。

(例) あのアニメ、無名だったけど結構な出来栄えだよ。

結構尽くめ【けっこうずくめ】
すべて申し分ない。よいことばかりであること。

(例) 握手会に行ってきたけど、間近でアイドルが見れて、トークの時間も長めにもらえたし、結構ずくめだったよ。

心憎い【こころにくい】
憎らしいほど、見事な様。

(例) 過去作の小ネタを差し込んでくるあたり、何とも心憎い。

言うことなし【いうことなし】
成績や出来映えについて非の打ちどころがないこと。申し分がないこと。

(例) 手づくり衣装も、ここまでできれば言うことなし。

優れる【すぐれる】
技量や価値がほかのものより勝る。一般よりレベルが上。

(例) 優れた技術が生み出したメイクと衣装によって、コスプレが本物超えてきた。

優良【ゆうりょう】
品質や性能が、ほかのものに比べて優れていること。

(例) 予算も時間も限られたなかで、あの作品が近年まれに見る優良コンテンツとなったのは、制作陣の情熱のおかげだ。

素敵【すてき】
印象がよく、心を引きつけられる様。非常に優れている。
(例) 今日も今日とて推しがすてきすぎる。

目に染みる【めにしみる】
目の底に焼きつくほどに、色彩や印象が鮮やかな様子。
(例) 推しがまぶしすぎて目に染みる！

ファンタスティック【ふぁんたすてぃっく】
空想的、幻想的で夢を見ているようなな様。夢を見ているようにすばらしい様。
(例) 創意工夫に満ちた、ファンタスティックなステージ。

ワンダフル【わんだふる】
すばらしいこと。見事な。不思議な。驚嘆すべき様。
(例) 映画のロケ地を訪ねてきたけれど、映像で見る以上のワンダフルな景色だったよ。

圧倒【あっとう】
優れた力を見せつけられ、感動を覚えること。
(例) シンプルな絵だが、卓越したデッサン力に圧倒される。

上出来【じょうでき】
品質がよいこと。物事の結果がよいこと。
(例) あの人のライブはデビュー当時から見てるけど、今日のパフォーマンスは上出来だ。

大出来【おおでき】
立派な出来。予想以上の結果。
(例) オリコン10位！　ＳＮＳの宣伝だけでこれは大出来！

上作【じょうさく】
優れた出来栄え。よくできた作品。
(例) デッサン力に長けた彼だが、なかでもこれは上作だ。

上上【じょうじょう】
申し分がない。これより上が望めないほどよい。上乗とも。
(例) 入稿３日前からここまで仕上げたなんて上々だよ。

天晴れ【あっぱれ】
見事なほどに優れている、立派

であること。ほめたたえる気持ちが湧いたときに出る言葉。
(例) あれだけの戦力差がありながら、ここまで善戦したんだからあっぱれだ。

ナイス【ないす】
感心したときなどに使うほめ言葉。すばらしい。見事だ。「ナイスショット」のように、ほかの言葉の上について、「よい」などの意味を添える場合もある。
(例) あの二人がコラボってマジか。事務所ナイス！

脱帽【だつぼう】
敬意を表すること。敵わないと降参すること。
(例) 予想外の展開と周到な伏線に脱帽です。

見上げる【みあげる】
仰ぎ見る。称賛の気持ち。立派だと感心する。
(例) あの人気作を、あれだけ改変しながらきちんとまとめきるなんて、見上げた構成力だ。

大物【おおもの】
ある分野で実力や地位をもつ人。
(例) 10年前の音源を聞いたんだけど、推しはあの頃から大物だったわ。

大立者【おおだてもの】
ある社会のなかで最も重んじられ、認められる人物。
(例) 声優界の大立者は伊達じゃなかった。

傑士【けっし】
際立って優れた人。傑物。傑人。
(例) キャラが画面のなかで生きてる……。この作画監督はまさにアニメ界の傑士。

傑人【けつじん】
際立って優れた人。傑物。傑士。
(例) 業界の傑人をこんなにそろえるとか本気か!?

傑物【けつぶつ】
際立って優れた人。傑人。傑士。
(例) 試合は決まった？　うちの推しくらいの傑物だと、この局面でも逆転しますから。

英傑【えいけつ】
際立って才知に優れた人。

（例）同人サークルから世界的コンテンツを生み出したあの人は、まさに一世一代の英傑。

大器【たいき】
人並み外れた優れた才能。それをもつ人。
（例）成長がやばい。まだ伸びしろがあるってどんな大器だよ！

雄【ゆう】
優れて力のある存在。
（例）企業勢が強い業界だけど、個人勢の雄といえばうちの推しだよ。

一角【ひとかど】
ひと際優れていること。
（例）推しのようなひとかどの人物、好きになるのは仕方ないと思わんか？

粒揃い【つぶぞろい】
優れた人がそろっていて、見劣りする人がいないこと。
（例）みんないい子すぎる！　粒ぞろいで推しを決められない。

歴史的【れきしてき】
歴史に残るほど重大である様。
（例）あれだけ対立していた推しカプ二人が平和に食卓を囲んでいる……この歴史的瞬間を目に焼きつけられた奇跡に感謝。

エポックメイキング【えぽっくめいきんぐ】
その分野に新時代を開くほど意義をもっている様。画期的。
（例）推しの登場は、アイドル界のエポックメイキングだった。

画期的【かっきてき】
時代に区切りをつけるほど、その事柄が目覚ましい様。エポックメイキング。
（例）お金を払えるうえに、推しの活動を手伝わせてもらえるなんて画期的なシステムだな！

金字塔【きんじとう】
永遠に残る立派な業績。
（例）私の価値観を根底からくつがえしたこの作品は、ＢＬ界の新たな金字塔となるに違いない。

記録的【きろくてき】
書きとどめる価値があるほど珍しい様。
（例）昔から応援していた作品が、日本歴代1位の記録的興行収入を上げた。

勢い【いきおい】

動きや現象を維持したり強めたりする力。とくに社会などにおいて、ほかを圧倒する力。

(例) 推しの勢いがとどまるところを知らない。

激しい【はげしい】
勢いがきわめて強い。鋭く荒々しい状態。

(例) 激しい攻めだった。相手もよく守ったし、かなり白熱した試合だった。

激甚【げきじん】
きわめて激しいこと。

(例) 演技がいい！ 脚本に込められた激甚な情念が伝わってくる。

激烈【げきれつ】
勢いなどが非常に激しいこと。

(例) 人気投票のトップ争いが激烈を極めている。

気勢【きせい】
意気込んだ気持ちのこと。

(例) 推しの耐久配信に最後までつき合うぞ、と気勢を上げる。

激化【げきか】
前より激しくなること。激しくすること。

(例) 試合の盛り上がりに引っ張られ、応援合戦も激化した。

勢い付く【いきおいづく】
あるきっかけで勢いが強くなる。奮発する。活気が出る。

(例) マンガがヒットし、テレビアニメ化が決定。さらに映画化と、応援している作品が勢いづいている！

勢力【せいりょく】
ほかを抑え、支配的に行動することができる力。

(例) スピンオフのおかげで推しカプが勢力を伸ばしてきた。おかげでオタ活がとてもはかどる。

怒濤【どとう】

激しく荒れ狂い打ち寄せる波のように、激しい様子で押し寄せてくる例え。

(例) ライブにコラボカフェに限定グッズ発売まで……推しの怒濤のイベントラッシュにお金が追いつきませんねぇ(歓喜)。

疾風怒濤【しっぷうどとう】
強い風と荒波。激しく変化する状況の例え。
（例）疾風怒濤の時代を乗り越えて、最近の推しには風格すら感じる。

旭日昇天の勢い【きょくじつしょうてんのいきおい】
華やかで勢いが盛んなこと。
（例）推しがデビューしてから半年もたたずに映画主演、CD発売、写真集重版とまさに旭日昇天の勢いでうれしい。

一瀉千里【いっしゃせんり】
物事がよどみなく進むこと。文章や物言いがよどみないことの例え。
（例）推しが、好きなことを一瀉千里に語るところがかわいいんだよ。早口になっちゃって。

沖天【ちゅうてん】
高く天に昇ること。人の威勢が激しいこと。
（例）沖天の勢いでトップアイドルへの道を駆け上がる。

騎虎の勢い【きこのいきおい】
ものごとの勢いが盛んになって、途中でやめられないことの例え。やめるにやめられない激しい勢いがあること。
（例）ヲタ仲間に、推しのグッズコンプリートを宣言。騎虎の勢いで給料3カ月分を使った。

決河の勢い【けっかのいきおい】
堤防が切れて河川の水があふれるような、はなはだ強い勢いのこと。
（例）開場と同時に決河の勢いでオタクが殺到していた。人気の証（あか）しだね。

破竹の勢い【はちくのいきおい】
勢いが激しく、とどめることができない様。
（例）破竹の勢いで動画再生数とフォロワーが激増。推しが喜んでいてうれしい反面、遠い人になってしまったようで少し寂しい。

八面六臂【はちめんろっぴ】
多才で一人で何人分もの働きをやってのけることの例え。
（例）監督だけでなく、キャラデザイン・絵コンテ・原画・シナリオと、まさに八面六臂の大活躍だった。

飛ぶ鳥を落とす勢い【とぶとりをおとすいきおい】

飛んでいる鳥さえ落とすような、威勢や権勢がとても盛んで並ぶものもない様子。

(例) 推しの活躍が飛ぶ鳥を落とす勢い。私も落とされたわけだが。

賑やか【にぎやか】

人出が多く活気がある様。

(例) アニメ化のおかげで、このジャンルもにぎやかになってきた。

活気付く【かっきづく】

生き生きとした精気・勢いがあること。

(例) 久しぶりの公式からの情報公開。ファンたちよ、全盛期だった頃のようにまた活気づいてくれ！

活況【かっきょう】

活気があり、勢いづいた状態。

(例) ゲーム実況界隈が活況だ。うちの推しもこの波に乗って伸びてくれ。

殷賑【いんしん】

活気があってにぎやかなこと。

(例) コミケ会場の殷賑を極める雰囲気にあおられ、サイフのひもがゆるみっぱなし。

盛大【せいだい】

勢いが盛んなこと。集会などが大規模なこと。

(例) なんという盛大な茶番……。そういうしょうもないことに全力なところ、好き。

全盛【ぜんせい】

今までのなかで、一番盛んな状態であること。

(例) スマホゲーム全盛の時代だけど、私は据え置き機がいいんだ！

盛会【せいかい】

出席者が多くにぎやかな会合であること。

(例) 今回の推しのコラボは、ユーチューバー数十人が集まる盛会になった。

大入り【おおいり】

興行などで客がたくさん入ること。

(例) 推しの初めてのライブは大入りだった。私の宣伝が少しは役にたったと思いたい。

栄華【えいが】

権力や財力を得て、華やかに栄えること。

（例）散財したけれど、推しの栄華を支えられたなら満足だ。

栄耀【えいよう】

富み、栄え、贅沢（ぜいたく）に暮らすこと。

（例）推しよ、この投げ銭でどうか栄耀を極めてくれ！

錦を飾る【にしきをかざる】

成功して故郷に帰ること。

（例）推しが自分の出身地でイベントを開催！　錦を飾れるように、全力で応援に行くぞ！

光輝【こうき】

輝く光。輝かしい栄誉。

（例）光輝ある伝統を受け継ぐ古風な佇まいがめっちゃいい。

山場【やまば】

最も重要で緊迫した場面。

（例）このくらいで限界を迎えてどうする、この作品はここからが山場だぞ？

花が咲く【はながさく】

時期がきて栄えること。

（例）推しの知名度はまだまだだが、あれだけ才能があるんだから、花が咲く日がくるはずだ。

花めく【はなめく】

華やかに見える。時節に合って栄える。

（例）花めく推しから少しも目が離せない。

爛熟【らんじゅく】

ものごとが頂点に至ること。

（例）推しの爛熟ぶりにうれしさ半分、寂しさ半分。

佳境【かきょう】

興奮を感じさせる場面。景色のよいところ。

（例）話が佳境に入ってからドキドキが止まらない。

群を抜く【ぐんをぬく】

集まりのなかでとくに優れている。

(例) 最近食べた醤油ラーメンのなかでも群を抜く一杯だった。

抜群【ばつぐん】

多くのものの中で抜きん出ていること。ずば抜けて優れていること。

(例) 抜群の美的センスをもつ私の視覚は、作画監督のこだわりを決して見逃さない。

抜きん出る【ぬきんでる】

人並み外れて優れていること。ほかより飛び抜けていること。

(例) 抜きん出たから推したのではない、俺が推したから抜きん出たのだ。

分(別)けても【わけても】

そのなかでもとくに。とりわけ。

(例) 圧倒的なルックスとダンスを誇る推しグループ。わけてもセンターのセンスはすばらしい。

卓越【たくえつ】

ほかよりはるかに優れていること。

(例) 推しの卓越した才能にひれ伏せ!

卓出【たくしゅつ】

ほかより抜きん出て優れていること。傑出すること。

(例) これほどの卓出した作品が埋もれているなんて、人類の損失じゃないか?

卓抜【たくばつ】

ほかに抜きん出て優れていること。

(例) あの作品が人気なのは当然だよ。キャラデザが秀逸かつ世界観も卓抜しているもの。

秀抜【しゅうばつ】

ほかより抜きん出ていること。抜群。とび抜けてすばらしい。

(例) 推しのパフォーマンスが秀抜で、後方ポジながら目立ちまくっていた。

秀逸【しゅういつ】

ほかのものより一段と優れていること。普通より優れたもの。

(例) フィギュアの出来が秀逸だったので、お手製のスタジオで撮影している。大好評の予感しかない。

右に出るものはない【みぎにでるものはない】
一番優れている。群を抜く。比べものにならない。
(例) 推しイベに使った有給の数では私の右に出るものはない。

追随を許さない【ついずいをゆるさない】
ほかが及ばないほど優れている。誰にもまねをさせない。
(例) ステージに推しが現れた瞬間の幸福感は他の追随を許さない。

冠絶【かんぜつ】
群を抜いて優れていること。
(例) 文壇に冠絶した筆力に、魂が奪われるような心地だった。

出色【しゅっしょく】
ほかよりも目立って優れている様子。
(例) 歴代の主人公たちが一堂に会した劇場版。出色は、大人になった初代の変身シーンだ。

水際立つ【みずぎわだつ】
ひときわ目立って鮮やかな様子。
(例) 仕事帰り、スーツのままおどるあの人は水際立っていた。

押しも押されもせぬ【おしもおされもせぬ】
実力があり、びくともしない。堂々としていてゆるぎない。「押しも押されぬ」は誤り。
(例) 初々しかった推しも、今や押しも押されもせぬ声優界の重鎮に。

錚錚たる【そうそうたる】
多くのもののなかでとくに優れている様。
(例) そうそうたる顔ぶれの作家陣に交じって、私の推しが紹介されてる！

超える【こえる】

ある基準より上になる。大きな値になること。
(例) 最高傑作だと思った前作を、さらに超えてきたぞ。

超絶【ちょうぜつ】
ほかのものと比較にならないほど、ずば抜けて優れていること。
(例) 推しの超絶技巧が見られるだけでも、有給とってライブに来たかいがあったわ！

優越【ゆうえつ】
ほかのものよりも優れていること。
(例) 絵師の神をも優越した技術、まさに人智を超えた存在。神オブザ神。

凌ぐ【しのぐ】
あるものを超えてそれ以上になること。ほかのものたちに勝る。
(例) 俺が二十余年をかけて磨き上げた妄想力をはるかに凌ぐ超展開だ。

凌駕【りょうが】
ほかを追い抜いて、その上に立つこと。
(例) 公式を凌駕してくる公式は、もう公式というより勇者なんだけど、とりあえず公式マジ感謝。

桁が違う【けたがちがう】

比べ物にならないほど違う。
(例) 今年の覇権ゲームといっていいと思う。けたが違うわ。売り上げも文字どおりけたが違うし。

桁外れ【けたはずれ】
標準や基準からかけ離れている状態のこと。
(例) 推しのギターテクニックがけた外れ。手の動きやばすぎないか?

度外れ【どはずれ】
一定の限度をはるかに超えていること。けた外れにすばらしいこと。
(例) 私のハートを射抜く、度外れた流し目。

並びない【ならびない】
ほかに比べるものがない。
(例) 並びない独自の世界観を見せてくれるから、あの人の小説は好きだ。

並外れた【なみはずれた】
性質や能力、規模などが普通とはかけはなれていること。
(例) 最初期から応援している私にはわかる、推しが並外れた努力を重ねてきたことが!

頭(図)抜ける【ずぬける】
標準をはるかに超えている。ずぬけた。とくに際立っている。
(例) 新人であれだけ堂々とした演技をするとは、ずぬけた胆力だ。

称賛
勢い
抜きん出る
感動
うれしい
技量・才知

途轍もない【とてつもない】
並外れている。途方もない。
（例）とてつもない実力のもち主に出会ったものだと、体に震えが走った。

比肩するもののない【ひけんするもののない】
同等の存在がいないこと。
（例）あのイラストレーターさんの一番の魅力は、比肩するもののない描き込みだ。

比べ物にならない【くらべものにならない】
差がありすぎて、わざわざ比べるにもおよばない。
（例）私の推しの尊さとは比べ物にならない。

比類ない【ひるいない】
ほかに並ぶものがない。比較できるものがない。
（例）演技派がわきを固め、推しの比類ない魅力を引き立たせてくれた。

こよなし
ほかと比べものにならないほどはなはだしい。比類なく。
（例）この展開を見るに、どうやら公式は私をこよなく愛してくれているっぽい。

無双【むそう】
並ぶものがないほど優れている人物やものごと。
（例）白ニットに縞々マフラーを装備した推しが雪の日に歩くと、もう無双状態。

無比【むひ】
ほかに比べるものがないこと。その様。類（たぐ）いないこと。
（例）推しカプのデートを尾行するという、現実では決して味わえない体験ができる無比の同人作品。

無類【むるい】
ほかに同じ類いのものがない様子。比べるものがないほど優れている。
（例）その１枚が勝敗に直結するほど、無類の強さを誇るカード。

無敵【むてき】
強すぎてライバルがいない。敵対する者がいないほど強い。
（例）メンバー全員がおそろいのパーカで登場したときの無敵感ったらなかった。

断然【だんぜん】

並外れていて、程度の差が明らかである様。

（例）会場にいたレイヤーのなかでも、断然うちの推しが注目を集めていたよ。

段違い【だんちがい】

ほかと比べて、格段の差があること。

（例）推しが人気投票1位なのも仕方ないと思う。段違いにかわいいから。

格段【かくだん】

程度や段階の差がはなはだしい様。とりわけ。

（例）私のQOL（生活の質）が格段に上がったのは、推しの新衣装のおかげです。

格別【かくべつ】

とくに優れていること。ほかと比べて程度が大きく違う様。

（例）格別とは何か、それは推しとおそろいのマグカップで飲むコーヒーである。

卓絶【たくぜつ】

ほかに比較するものがないほど、ひと際目立って優れること。

（例）卓絶した筆力でつづられた悲恋に涙が止まらない。

別格【べっかく】

特別に決められた地位にあり、例外的に扱われること。

（例）推しの存在感は別格だよ。脇役でも目が離せないもの。

断トツ【だんとつ】

2位以下とは大きな差をつけて1位にいる状態。

（例）推しの尊さは、世界のあらゆる生物のなかで断トツ！

取って置き【とっておき】

大事なときのために、大切にしまっておくこと。また、そのようにしまっておいたもののこと。

（例）私のとっておきの推しくん妄想シチュを聞いてくれ。

虎の子【とらのこ】

大切にして手もとから放さないもの。大事なもの。

（例）推しが当たったよ。虎の子の10万円突っ込んだけどね！

至宝【しほう】
この上ない貴重な宝。
(例) フィギュアは私のショーケースに入って初めて至宝になる。

珍重【ちんちょう】
珍しいものとして大切にすること。
(例) これがかの王族が珍重したといわれる神絵師の御業か。

最高【さいこう】
程度や位などが一番高いこと。最上級。また、気分や調子などが非常に優れた状態であること。
(例) 何が最高かって、ヒロインと私の名前が同じこと。

最上【さいじょう】
最も上等なこと。一番すばらしいこと。
(例) 友人に最上のおもてなしをするために、とりあえず全巻もう1回読むわ。

最良【さいりょう】
最もよいこと。その様。
(例) うちの猫たちがキュートすぎて写真の枚数がやばい。最良の1枚を吟味していたら日が暮れた。

至高【しこう】
この上なく高く優れていること。質や程度などがすばらしくよいこと。
(例) 何も考えずに電車の窓から景色を眺めている瞬間が至高なんだよなぁ。

至上【しじょう】
この上ないこと。最高の状態であること。
(例) 外見でも内面でもない。推しは存在が至上。

随一【ずいいち】
多くのもののなかで一番優れていること。同類のなかで一番のもの。
(例) ポニーテール界随一の破壊力でディスプレイ壊れたわ。

至極【しごく】
この上ないこと。
(例) 推しに名前を覚えてもらえるなんて、こんな至極の喜びがあってもいいのか!?

無上【むじょう】
この上ない。最も優れていること

と。最上。
(例) 推しの初ラップ姿を見られるとか無上の喜びすぎる。

圧巻【あっかん】
多くのもののなかで最も優れているもの。
(例) 本当はどれが一番だなんて決められないけど、それでも好きなフォロワーさんの描く推しの二次創作は圧巻の一言に尽きる。

不世出【ふせいしゅつ】
この世にめったに現れないほど優れていること。
(例) 去年の甲子園を席巻し、ドラフト1位でプロ入りした彼は、まさに不世出の天才だ。

横綱【よこづな】
相撲で力士の最高位。転じて、同類のなかで最も優れたもの。
(例) まさか声優界の両横綱がそろうとは……。やはり地力が違う。

この上ない【このうえない】
最高の状態。一番上である。
(例) 1期はこの上ないクオリティだと思ったけど、2期は1話でそれ超えてきた。

トップ【とっぷ】
頂点。数あるもののなかの一番目。1位。
(例) 二次元のトップと三次元のトップを並べると四次元に逝けるらしい。

ナンバーワン【なんばあわん】
能力や実力、地位などが一番のもの、人。
(例) やっぱり推し様がナンバー

COLUMN

よく見る「極」のつく単語

最上のぎりぎりのところという意味をもつ「極」。日常でよく見かけるのは、月払いを意味する「月極(つきぎめ)」だろう。極にはここで始末をつけるという意味もあるので、月ごとに始末をつけることを指す。

ワンなんだよなぁ。

ベスト【べすと】
一番よいもの。最も優れた状態。最善。最良。
(例) ベストなコンディションでアニメを観(み)るためにシフトを調整する。

世界一【せかいいち】

程度や質、位などが世界中で最も優れていること。この世のなかで一番すばらしいこと。
(例) 推しが世界一をとるまでは死ねない。生きなくてはならない。人生を歩まねばならない！

世界的【せかいてき】
世界中に広く知られている様。世界でも通用するほど優れている様子。
(例) よく考えたら世界的アニメのセル画がウチにあるんだよなあ、サイン入りで。

天下一品【てんかいっぴん】
出来栄えや能力などが、この世のなかでただ一つといえるほど優れている様。ほかに比べるものがないほどすばらしいこと。
(例) この世界は常に優劣で成り立ってると思っていたが、推しと出会って比べることのできない天下一品の存在を知った。

天下無双【てんかむそう】
この世において比べるものがないほど優れていること。また、その様。
(例) 推し絵師×推しキャラが生み出したイラストが、天下無双の勢いで脳内を暴れまわっている。

日本一【にほんいち】
日本のなかで一番優れていること。
(例) このトレーディングカードの輝きは日本一。つまり全俺一、すなわち宇宙一。

切っての【きっての】
集団やグループの中で一番。その中において比べるものがない。
(例) オタク界きってのカメラマンは私をアニメの世界へ連れていってくれる。

未だ嘗てない【いまだかつてない】

今までに一度もない。過去に前

例がない。
(例) 今期のキャラデザは、いまだかつてないほどのよさ味がある。

空前【くうぜん】
今までに例を見ないこと。未曽有(みぞう)。
(例) あの映画が空前の大ヒットを遂げたのは推しのおかげに違いない。

空前絶後【くうぜんぜつご】
今までに例がなく、これからもありえないような、非常に珍しいこと。
(例) 仮面取ったら美人とか空前絶後のごほうび。

前人未到(踏)【ぜんじんみとう】
今まで誰も到達していないこと。また、誰も足を踏み入れていないこと。
(例) 推しの動画の再生回数が前人未到の域に達した。

未曽有【みぞう】
過去に一度もなかったこと。とても珍しいこと。
(例) 円盤発売のゲリラ告知とかするもんだから、私史上未曽有の事態。

類を見ない【るいをみない】
似たようなものがほかにない。まれであること。唯一無二。
(例) PCのグラフィックボードを交換したんだけど、いい買い物だった。この値段でこのスペックは類を見ないコストパフォーマンスだ。

例を見ない【れいをみない】
これまでに同じような例がない様子。今までに見たことがない。
(例) 作品名と原作者と声優と監督が同時にトレンド入りするという過去に例を見ない作品。

例えようもない【たとえようもない】
何かと比べたり、何かに例えたりできないほど圧倒的な様子。とてつもない。底抜けの。
(例) ツアー初参戦。会場の照明が消えた瞬間、例えようもない感動が押し寄せた。

唯一【ゆいいつ】
この世に一つしかないもの。ほかに代わりがないこと。

(例) やっぱり推しは唯一の存在なんだよなぁ。

唯一無二【ゆいいつむに】
ほかに代わりがなく、ただ一つしかないもの。ほかに並ぶものがないほど程度が飛び抜けていること。
(例) たぶん世界で唯一無二の推し柄マウスパッドを自作した。

掛け替えのない【かけがえのない】
失ったときに代わりになるものがない。何よりも大切なこと。
(例) このアカウントは私のかけがえのない宝物。でも身内にバレたら死ぬ。

又とない【またとない】
二つとない。二度とない。めったに遭遇することがない。
(例) メイキング映像が見られるなんて、世界の裏側を知るまたとない機会だ。

稀【まれ】

ごくたまにしか起こらないこと。めったにないこと。
(例) 近年まれにみる完全に私得の推しイベだった。

得難い【えがたい】
手に入れにくい、貴重なこと。
(例) 得がたいスリーショットが観られた6秒間を私は忘れない。

滅多にない【めったにない】
まれにしかない。レア。希少性が高い。
(例) 推しからフォローされることなんてめったにない好事!

稀有【けう】
非常に珍しいこと。まれにしか起きないこと。
(例) 友達にオススメされて読んだけど、最初の見開きで全巻購入決めたのは稀有なパターン。

余人をもって代え難い【よじんをもってかえがたい】
ほかの人では代わりがきかない。その人にしかできない。
(例) ただの魔法少女ではない。余人をもって代え難い魅力にあふれている。

希代【きたい】
きわめてまれなこと。
(例) 作品を見て、ひと目であの人

が希代の演出家だということがわかった。

五指に入る【ごしにはいる】

優れたものを数えあげたとき、5本の指に入るほど優秀なこと。

(例) セリフの一つひとつが、人生で五指に入るレベルで刺さる。

屈指【くっし】

数多くの中から指を折って数えたてられるほど優れている。

(例) 日本屈指の品ぞろえを誇る大型家電店は、私にとってディズニーランドに並ぶ夢の空間だ。

指折り【ゆびおり】

多くのものの中で、指を折って数えられるほど優れていること。

(例) 私の人生でも指折りの幸せな時間だった。

三拍子揃う【さんびょうしそろう】

大切な三つの要素を備えていること。必要な条件がそろっていること。

(例) ビジュアル、歌、曲と三拍子そろっていて、ガチ推しスイッチ入りました。

四天王【してんのう】

その分野において特別に優秀な4人。優れた人物4人。

(例) 私の推し四天王を貼っておくわ。

有数【ゆうすう】

とりあげて数えるほどに広く知られていて、重要な存在である

COLUMN

副詞を使いこなす

「すぐに」「ときどき」といった「副詞」は多くの人が自然に使っている。だが「こよなく」「すこぶる」のような程度を表す副詞をうまく使える人は少ない。言葉に品格が出るのでぜひ使いこなしてほしい。

こと。

(例) ここは私のほしいものが何でも手に入る、日本有数のオタク街だ。

三羽烏【さんばがらす】

ある分野で特別に活躍している3人。優秀な3人。

(例) 決勝に残ったこの3人が令和三羽ガラスとして今期リーグを引っ張っていくに違いない。

二枚看板【にまいかんばん】

チームや劇団の中心に立つ二人の人物。花形が二人いる様子。

(例) もともと敵同士で登場した二人は今や業界の二枚看板だ。

竜虎【りゅうこ】

優劣をつけがたい二人。負けず劣らずの二人の実力者。

(例) 竜虎が並び立つツートップから推しのひとり舞台に!

両雄【りょうゆう】

優れた二人の英雄。

(例) オタクになるきっかけをくれた彼と、オタクの楽しさをわからせてくれた彼の両雄を推す。

双璧【そうへき】

どちらも優れていて優劣を決められない、二つのもの。ツートップ。

(例) 私のなかで双璧を成す(な)推しキャラ二人が、まさかのコラボ。

月と鼈【つきとすっぽん】

二つのものが、あまりに違っていて比べようがないこと。ひどく不釣り合いなこと。

(例) 私が撮った写真とカメラマンの写真の差が月とすっぽんすぎる。推しのよさをここまで引き出せるのはすばらしい。

提灯に釣り鐘【ちょうちんにつりがね】

差がありすぎて、比べものにならないこと。

(例) 推しのポーズ、自分も組体操で似たようなことやったけど、提灯に釣り鐘とはこのことか。

雲泥の差【うんでいのさ】

天の雲と地の泥ほど、性質や程度に大きな違いがあること。

(例) 抽選で当たらないと推しに会えない世界と、年パスを買えば推しに会える世界、雲泥の差すぎる。

美しい枕詞（まくらことば）

和歌などで使われる言葉の修飾法の一つ、枕詞。文意に関係ない語句を使って言葉を飾る用法だ。日本らしい言葉が多いので、さりげなく取り入れてみるとおもしろい。

あかねさす

赤く照り映える。その意から枕詞として光や朝日にかかる。

かぎろいの

炎のように立つ陽炎の意。春などにかかる枕詞。

あらたまの

年などにかかる枕詞。あらたまの年の初めとよく使われる。

石走る（いわばしる）

水の流れが岩にぶつかりしぶきを上げる。その意から滝にかかる。

あからひく

赤い色を帯びること。枕詞として、肌や子にかかる。

たらちねの

母や親にかかる枕詞。語義などは不明。

白たえの

白い布のこと。枕詞として、衣や雪・雲などにかかる。

ぬばたまの

ぬばたまは黒くて丸い実。黒いものや夜に関係するものにかかる。

たまきはる

もともとの意味は不明だが、内や命、幾世にかかる枕詞。

ちはやぶる

勢いの強い神の意。枕詞として神に類する言葉にかかる。

感激【かんげき】

うれしいことや、他人のすばらしい行動を見聞きして激しく感動すること。

（例）友人の書いた、友人の推しと私の推しが絡む二次創作小説のできがあまりにもよすぎて感激した。じつはこれ公式では？

胸を打つ【むねをうつ】

人の心をゆり動かす。感動させる。

（例）不幸な生まれの推しが、それでも腐らずに前向きにがんばって生きている姿が胸を打つ。

琴線に触れる【きんせんにふれる】

心の奥にある微妙に感じやすい心情にふれて感動すること。

（例）なんとなしに読んだ作品が琴線に触れて、全巻一気に購入してしまった。

心を打つ【こころをうつ】

強く感動させる。また深く感銘を与えること。

（例）他人から見たらなんでもない言葉でも、推しが発するだけで心を打つのはなんでだろう。

感に堪えない【かんにたえない】

非常に感動する。「感に堪える」も同じ意味。

（例）推しの舞台での演技があまりによすぎて感に堪えない。

感極まる【かんきわまる】

抑えきれないほど感動する。非常に感激する。

（例）あの映画が最高で感極まってしまった。友達にも布教してるんだ。

心を揺さぶる【こころをゆさぶる】

相手の心を強く動かす。大いに感動させる。

（例）今月は金欠なので節約しようと思っていた矢先に、ライブの告知があって心を揺さぶられている。……予約して入金しました。

泣ける【なける】

思いがあふれてひとりでに泣いてしまう。泣くほど感動する。

（例）この作品、本当に泣けるからぜひ読んでみて。

じいんとくる

体の奥のほうから感動が湧き上がってくる様。

(例) 初登場の頃からずっと見守ってきた推しの成長が見られてじいんとくる。

胸が熱くなる【むねがあつくなる】

感動がこみあげてきて、じいんとする。

(例) 推しがあまりにも優しすぎて、胸が熱くなる。

ほろりとする

何かに感じ入って、思わず涙を一滴流す様子。

(例) 本編で死んだ推しが生きている設定の二次創作を読んでほろりとする。よかった……この世界では幸せになれたんだね。

声が潤む【こえがうるむ】

涙で声が震え、はっきりとしゃべることができない様子。涙声。

(例) 死んでしまった推しのことを話していた彼女の声が徐々（じょじょ）に潤んできた。

目頭が熱くなる【めがしらがあつくなる】

感動して涙が出そうになる。自然と目に涙がにじんでくること。

(例) SNSでフォロー!してる絵師さんの描いた推しのイラストがよすぎて目頭が熱くなった。

感泣【かんきゅう】

深く感じ入って泣くこと。感激のあまり泣くこと。

(例) 追いかけていたマンガの最終回、感泣ものだった。

感涙【かんるい】

感動や感激のあまりに流す涙のこと。

(例) 作品について友達と議論していたら、新しい解釈（かいしゃく）に出会って感涙していた。

熱涙【ねつるい】

感動のあまり思わずこぼしてしまう涙。感動の涙。

(例) 推しを生み出した作家さんに直接お礼を言えて熱涙。

熱いものが込み上げる【あついものがこみあげる】

感動のあまり、涙があふれ出そうになる。

(例) 布教し続けてきた推しの二次創作が増えてきて熱いものがこみ上げてきた。

号泣【ごうきゅう】
大声を上げて泣く。泣き叫ぶこと。
（例）推しが結婚した。悲しさとおめでとうの気持ちが混じって号泣した。

泣き濡れる【なきぬれる】
泣いて頬が涙にぬれること。ひどく泣く。
（例）推しが引退してしまうという情報を聞いて泣きぬれてる。

声涙倶に下る【せいるいともにくだる】
感情が高ぶり（元は嘆き怒って）、涙を流しながら話す様。
（例）推しのよさを語る友人がヒートアップする姿を見て、声涙倶に下るとはまさにこれだと思った。

噦り上げる【しゃくりあげる】
声や息を、何度も引き入れるようにして泣く。
（例）推しの握手会でファンサがすごすぎて、しゃくり上げてしまった。

感慨【かんがい】

心に深く感じて、しみじみとした気持ちになること。身に染みた思い。
（例）推しの一言一句が感慨深い。

感無量【かんむりょう】
計り知れないほどに感慨深い様子。感慨無量（かんがいむりょう）。
（例）推しが誕生日を迎えた。感無量。ご両親、推しを生んでくれてありがとうございます……。

感銘【かんめい】
忘れられないほど深く感じ入り、心に刻み込まれること。
（例）あるマンガ家の言葉に感銘を受けて、座右（ざゆう）の銘にしている。

感じ入る【かんじいる】
心に深く感じること。非常に感心すること。
（例）「あー、はいはい、なるほどね！　そういう展開でくるかぁ～。それは全く予想してなかったわ～！」と感じ入ってしまった。

胸に響く【むねにひびく】
誰かの行動や言葉に深く感銘を受ける。印象深く伝わる。
（例）友達の熱い思いが胸に響いた。

胸に迫る【むねにせまる】

心に押し寄せるようにひしひしと感じる。

(例) 私が創作をすることで、誰かにとっての推しを生み出せるということに気づいて、胸に迫るものがある。

息を呑む【いきをのむ】

驚いて思わず息が止まる。一瞬、息が止まる様子。

(例) 「え、待って待って、うそでしょ」と息をのんだ。ライブ追加公演ってマジか！

息を詰める【いきをつめる】

息をしないようにして、じっとしている。息を殺す。

(例) 推しの活躍を一瞬たりとも見逃すまいと、息を詰めていた。

声を呑む【こえをのむ】

極度の緊張や感動のため、思わず声が出なくなる様子。

(例) 推しとの握手会、尊すぎて、声をのんでしまったよ。

言葉を呑む【ことばをのむ】

感動や驚きで言葉が出なくなる。または相手の心情を察し、言いかけてやめること。

(例) 「あのシーンは本当にずるいよ。推しの気持ちを思うともうね……」と友人はあとの言葉をのんだ。言いたいことはよくわかる。

胸が詰まる【むねがつまる】

喜びや悲しみなどの感情が高ぶって、胸のあたりに苦しさを感じる様子。

(例) 今日の公演がよすぎて胸が詰まる。

胸に余る【むねにあまる】

思いがつのってあふれそうになり、耐えられない様。

(例) ＳＮＳで不意に流れてきたマンガがすばらしすぎて、胸に余る感動が止められない。

胸を突く【むねをつく】

はっとさせる。びっくりさせる。ふいに強く心が動かされる。

(例) キャラの何気ない行動が伏線になっていたことに気づいて、胸を突かれた。

胸が一杯【むねがいっぱい】

激しい喜びや悲しみ、くやしさなどでほかのことが考えられない様子。

（例）もう手に入らないと思っていたグッズが手に入って胸がいっぱいです。

身に染みる【みにしみる】
秋の冷気が体に強くこたえる。または心に深く感じる。
（例）推し自身からの発信が少ないから、「こんにちは」の一言さえも身にしみる。

心を掴む【こころをつかむ】

人の気持ちを引きつけて、しっかりとらえること。
（例）あの作家さんの文章には心をつかまれっぱなしだ。

心に響く【こころにひびく】
感動して印象に残る。感じ入って、気持ちを引きつけられる。魂が震える。
（例）それまでは興味のなかったキャラクターだけど、あのセリフが心に響いて、それ以来、目が離せない。

驚く【おどろく】

意外なことに出くわして、心に衝撃を受ける。びっくりする。
（例）取引先の人が推しのグッズを身に着けていて驚いた。

仰天する【ぎょうてんする】
意外なことがらに、ひどく驚くこと。
（例）推しの衝撃的な出生の秘密が明かされて、仰天した。

驚異【きょうい】
驚き不思議がること。また驚くほどすばらしいことがらや現象。
（例）このボカロ曲、人間に再現可能なものだったのか!?　驚異的な歌唱力……。

度胆を抜かれる【どぎもをぬかれる】
ひどくびっくりさせられる。肝をつぶされる。
（例）友人が推しに使った金額を聞いて度肝を抜かれてしまった。

目を白黒させる【めをしろくろさせる】
びっくりして慌てる。ひどく驚いてまごつく様子。
（例）友達からサプライズプレゼントとして、推しのキャラグッズをもらい、目を白黒させた。

雷に打たれたよう【かみなりにうたれたよう】

強い驚きや感動などを受ける様。

(例) 推しの身長を表すフセンを壁に貼って推しの存在を実感している、という友人の遊びを聞いて雷に打たれた。私も帰ったらやろう。

一驚を喫する【いっきょうをきっする】

驚かされる。びっくりする。

(例) 推しの意外な一面があらわになって一驚を喫する。

飛び上がる【とびあがる】

突然の喜びや驚きのために、思わずはね上がる。おどり上がる。

(例) 推し作品がアニメ化されることが決定して飛び上がった。

目から鱗が落ちる【めからうろこがおちる】

何かのきっかけで、それまでわからなかったことが急にわかるようになる。

(例) なんでこのキャラが人気あるのかわからなかったけど、友人の熱い布教を聞いて目から鱗が落ちた。

浴衣を着た
推しのあで姿に
もだえ死んだ……

衝撃【しょうげき】

激しい打撃。激しい心の動き。

(例) 推しの声優が発表されたけど、脳内で聞こえていた声と全く同じで衝撃を受けた。完全にそのままだわ。

脳天を撃ち抜かれる【のうてんをうちぬかれる】

精神的に大きな衝撃を受けること。

(例) 好きなマンガ家さんが息抜きにSNSで上げたイラストが推しを描いたもので、脳天を撃ち抜かれた。即保存した。

胸を刺す【むねをさす】

心に強い衝撃を与える。

(例) 推しに双子の弟がいたこと

が発覚して胸を刺された。うそでしょ……ただでさえ眼福な顔が2倍に!?

目を見張る【めをみはる】

目を大きく見開く。怒ったり、驚いたり、感心したときの様子。

(例) 推しに対する解釈があまりに違いすぎて、目をみはって文章を再読した。最終的にはそういう解釈もアリかと納得した。

瞠目【どうもく】

驚き感心し、目を見はること。

(例) 人気絵師が描いたイラストの緻密さに瞠目した。

刮目【かつもく】

注意してよく見ること。

(例) 刮目せよ! これが私の推しだ!

目を丸くする【めをまるくする】

びっくりして目をみはる。

(例) 布教した際にそれほど響いてなさそうだった友人が、私の推しの二次創作を描いていて目を丸くした。

目を疑う【めをうたがう】

意外なことや不思議なことに遭遇して、見たものが信じられない。

(例) 推しについて書き散らかした感想が4けたリツイートされてて目を疑った。フォロワー100人ぐらいしかいないのに。

楽しい【たのしい】

満ち足りていて、愉快な気持ち。

(例) 友人と毎夜、推しの話で盛り上がって、寝不足だけどすごく楽しい。

面白い【おもしろい】

楽しくて、つい夢中になってしまう様子。

(例) 話題になっているドラマを見始めたらおもしろくて、寝る間も惜しんで見てしまった。

至楽【しらく】

この上なく楽しいこと。きわめて楽しいこと。

(例) 勇気を出してコスプレに挑戦してみたけど、こんなにも楽しいとは思わなかった。至楽のひと時だわ。

愉悦【ゆえつ】
心から楽しく思って喜ぶこと。
(例) 自分の部屋を、推しの部屋っぽく改装してみた。レイアウトはもちろん壁紙もそれっぽいのを探した。この部屋で毎日を過ごせると思うと愉悦の極み。

病み付き【やみつき】
趣味や道楽、悪習などに熱中してやめられなくなること。
(例)「推しと一緒に住んでいたら」という妄想遊びが病みつきになって友達に心配された。ペアリングを買ったのはやりすぎだったかな……でも楽しい！

慰み【なぐさみ】
心を楽しませるもの。楽しみ、気晴らし。
(例) 仕事で疲れ切った私の慰みは、推しのお疲れ様ボイスだけだよ……。

一興【いっきょう】
風変わりで、ちょっとしたおもしろみがあること。
(例) 集まってそれぞれの推しプレゼン大会？ ほう、それは一興ですね。私の本気を見せて差し上げましょうか。

興奮【こうふん】
感情が高ぶること。気分が病的に高揚した状態。
(例) 今日の仕事が終われば、明日は推しのライブが待っている……興奮してきた。速攻で仕事終わらせよう。

昂然【こうぜん】
自信に満ち、意気の上がる様。
(例) 休日の間に推し成分をたっぷり補給できたので昂然としている。月曜日、かかってこい。

高揚【こうよう】
精神や気分が高めること。高まること。
(例) 推しが出てくる作品に自分と同じ名前のキャラがいて、推しが私の名前を呼んでくれていると思うと、かなり高揚します。

高ぶる【たかぶる】
気分や感情が高まること。興奮状態になること。
(例) 友人と深夜の推しトークしてたら高ぶってきた。明日は休みだし、推しのイラストを探そう。

沸き立つ【わきたつ】

感情が非常に高ぶる。興奮してさわぐ。熱狂する。

(例) 推しのアニメ2期が決定して沸き立った。

沸き返る【わきかえる】

がまんできないほど感情が高ぶる。大勢の人が熱狂して大騒ぎする。

(例) 10年近く追いかけてきた映画のシリーズ最終章を劇場で鑑賞。クライマックスで観客全員が沸き返って一体感がすごかった。

燃える【もえる】

激しく気持ちが高まる。情熱がさかんに起こる。

(例) なぜかは忘れたけど、大人数の前で推しをプレゼンすることになった。初めは怖かったけど……その日が近づいてくるにつれて燃えてきた。推すぞ!!

エキサイト【えきさいと】

興奮する、または興奮させること。試合などが白熱すること。

(例) 友人のつき合いでインディーズバンドのライブに行ったら、サプライズゲストで推しバンドが出てきて、友人よりエキサイトしてしまった。

胸が高鳴る【むねがたかなる】

興奮して動悸が激しくなる。胸がどきどきする。

(例) 最近、「推しに対しての愛が落ち着いてきたかなー」と思ったところに新衣装で登場して胸が高鳴った。やっぱり好きだわ。

胸が轟く【むねがとどろく】

心臓がどきどきする。心がときめく。

(例) ソシャゲの推し、どうせ出ないんだろうなーと思いながらもとりあえず10連だけ回そう……と思ったらいきなり出て胸が轟いている。心臓に悪い！

胸が早鐘を打つ【むねがはやがねをうつ】

早鐘は家事や水害など、緊急事態を知らせるために激しく鳴らす鐘のこと。激しい動悸の例え。

(例) 推しに告白される夢を見て飛び起きてしまった。まだ胸が早鐘を打っている。あのまま寝ていれば続きを見られたのに、もったいないことをした……。

動悸【どうき】

胸がどきどきする自覚症状。心臓の鼓動が、いつもより激しく打つこと。

(例) コンビニで不意打ち気味に推しの声が聞こえてきて動悸が激しくなった。コンビニコラボしてたの？ コラボ商品はどこ？

どきどき

驚きや恐れ、不安、または喜びや期待などによる気持ちの高ぶりによって動悸が激しくなる様を表す語。

(例) 推しのことを思うだけで、なんでこんなにもどきどきするんだろう。

胸が躍る【むねがおどる】

期待や興奮で落ち着かなくなる。わくわくする。

(例) 雑誌で明日から始まる新アニメのキャラを見て、胸がおどっている。どの子が最推しになるかなあ。

胸を弾ませる【むねをはずませる】

期待や喜びで心がわくわくする。

(例) 今日は推しのフィギュアが届く予定なので胸を弾ませて帰る。

色めく【いろめく】

緊張や興奮のため、落ち着かない状態になる。動揺する。落ち着かない。活気づく。

(例) SNSをフォローしてる同担の友達がいっせいに色めくのを見て、推しについての新情報が来たのを察した。

騒ぎ立つ【さわぎたつ】

騒ぎ始める。盛んに騒ぐ。

(例) 友人が「推し鑑賞会を開催する！」と高らかに宣言したので心が騒ぎ立った。私も負けてられない。

さんざめく

さざめくの音変化。うきうきと騒ぎ立てる。にぎやかに騒ぐ。

(例) 推しのイベントで、推しのよさに皆がさんざめく様子を見つめている。そうでしょう……私の推しはよいでしょう……？

逸り立つ【はやりたつ】
心が勇み立つ。勢い込む。
(例) 推しのグッズが数量限定で販売されるという情報を得て気持ちがはやり立つ。争奪戦になるだろうけど絶対勝つ。

波打つ【なみうつ】
波のように起伏して揺れ動く。
(例) 犬みたいに人懐っこい推しと、猫みたいに気まぐれな推しを交互に見ていると感情が波打って疲れる。でも好き。

手に汗握る【てにあせにぎる】
見たり聞いたりしながら、興奮したり緊張したりする様子。
(例) 推しのSNSで「皆様に重要なお知らせ」とブログ記事へのリンクが貼られていて、手に汗握りながら開いた。

固唾を呑む【かたずをのむ】
どうなることか、と緊張して息を殺す。
(例) 好きになったときから覚悟はしていたけど、推しが死ぬか、それとも生き残るか、毎週固唾をのんで放送を見ている。

胸が潰れる【むねがつぶれる】
悲しみや驚きなどで、心がしめつけられること。
(例) 急展開に胸がつぶれた。

熱中【ねっちゅう】
一つの物事に深く心を傾けること。夢中になること。
(例) 彼女が推しについて熱中しているときは、周囲がどう声をかけても反応しない。多分、私も同じ感じなんだろう。

熱心【ねっしん】
物事に情熱をそそぎ、打ち込むこと。
(例) 久しぶりに会う友人が、開口一番、彼女の推しを薦(すす)めてきた。推しの布教に熱心だなあ。私も見習わなきゃ。

熱狂【ねっきょう】
興奮して夢中になること。
(例) 推しのグッズを集めることに熱狂して止められない。

熱を上げる【ねつをあげる】
夢中になる。のぼせ上がる。
(例) 友人が推しに熱を上げている姿を、「わかるわかる、そうなるよね」と笑顔で見つめていた。

狂熱【きょうねつ】

狂おしいほど激しい情熱。

(例) 推しと出会う前は何をして生きていたのか全く覚えてない……それぐらい推しに狂熱している。

我を忘れる【われをわすれる】

物事に夢中になって自分を忘れること。興奮して理性を失う。また、ほかのことへの配慮がなくなること。

(例) 推しへの思いがあふれた結果、我を忘れて徹夜で推しとの夢小説を書いてしまった。

魂を奪われる【たましいをうばわれる】

魅入られる。夢中になる。

(例) 推しの笑顔に魂を奪われた。

熱情【ねつじょう】

ある物事にそそぐ、ひたむきな思い。

(例) 彼女は推しのグッズはあまり買わないけど、そのぶん熱情がすごくて、自分で推しをフィギュア化してしまった。クオリティも半端なかった。

意気軒昂【いきけんこう】

意気込みが盛んである様。元気な様子。

(例) 後輩が、私より自分のほうが推しを理解していると言い始めた。意気軒昂ね、私にもあんな頃があったな……それはそれとしてその勝負、受けて立つ。

熱弁【ねつべん】

熱のこもった弁論。熱烈な弁舌。

(例) 甥っ子が好きなヒーローについて熱弁してきて微笑ましい。うん、そのヒーロー私も好きよ。なんなら変身アイテムももってる。

フィーバー【ふぃいばあ】

熱狂的で過熱状態にあること。また、にぎやかに騒ぐことをいう俗語。

(例) 街で偶然、推しを見かけてフィーバーしてしまった。大声も出たし、絶対変に思われた……。

ボルテージ【ぼるてえじ】

熱気。内にこもる力。

(例) ソシャゲの推しボイスを録音して、元気がないときに聴くようにしてる。うおお、ボルテージ上がってきた！

嬉しい【うれしい】

自分にとってよいことが起き、満足している様。

(例) 今まで見向きもされなかったのに前回の放送で活躍したおかげかな。急に推しの人気が出てきて、とてもうれしい！

天にも昇る【てんにものぼる】

非常によいことが起きてうれしい気持ちの例え。

(例) 友達から突然「被ったからあげる！」と、推しのグッズをプレゼントされ、まさに天にも昇る気持ち。

ほくほく

うれしさを隠しきれない様。

(例) 推しが活躍するアニメの回が神回すぎて、心がほくほくしている。

ハッピー【はっぴい】

英語で幸せ、うれしい、などを意味する形容詞。

(例) 今週の話は推しにスポットが当たっていたので、登場シーンが多くて一日ハッピーで過ごせそう。

満更でもない【まんざらでもない】

全くダメというわけではない。また、かなりよい。

(例) 推しの新衣装が発表されたが、かなり奇抜（きばつ）で今まで見たことのない衣装に身を包みながらも、満更でもなさそうでとてもかわいい。

満足する【まんぞくする】

十分であり、心が満ち足りていること。

(例) 推しの名前で検索したらたくさん画像が出てきた。ストレージがうるおって満足。

幸せ【しあわせ】

望ましい結果となり、不満がいっさいない状態のこと。

(例) 恵まれない生い立ちの推しが報（むく）われていく様を見ていると、とても幸せだ。

幸甚【こうじん】

おもに手紙文に用いられる。この上もない幸せ。

(例) 「これからも推しが活躍できる様を見られれば幸甚の至りです」と、作家宛てのファンレターを締めくくった。

至福【しふく】
極めて幸せであること。
(例) コーヒーをすすってクッキーをかじりながら推しを見守ることが至福のひと時。

幸福感【こうふくかん】
恵まれた状態にあり、満足した状態にあるときの感情。
(例)「推し」がいることによる幸福感は何ごとにも変えられないものだ。

充実感【じゅうじつかん】
しっかりと中身が満ち足りているときの感情。
(例) 初の設定資料集が発売された。推しの細部まで掲載されていて充実感でいっぱいだ。

感謝【かんしゃ】

心からありがたいと思う気持ちを表すこと。
(例) 推しに出会えたことで人生はかなり華やかになった。推しがいる世界線に生きていることに日々感謝だ!

有り難い【ありがたい】
よい事柄に恵まれて、感謝したい気持ち。
(例) 大好きな推しに今日も出番があった、なんてありがたいことだろう。

気持ちが晴れる【きもちがはれる】

気分がすっきりし、鬱屈とした心が軽くなること。
(例) 仕事で嫌なことがあって気分が落ちていたけど、推しを見ていると、そんな気持ちも晴れていくなあ。

胸がすく【むねがすく】
心のつかえが取れ、晴れやかな気持ちになる様。
(例) 危機的状況から一転、加勢した味方となんとか勝利を勝ち取った。みんなと笑い合っている推しを見ると胸がすく思いだ。

小気味好い【こきみよい】
心地がよく、鮮やかで好感がもてる様。
(例) オープニングで小気味よくおどる推しを見ていると、自分もできるような気がしてきた。

晴れやか【はれやか】
心が晴れ渡って、わだかまりなどがまるでない様。
(例) 嫌なことが立て続けに起きて気分が落ち込んでいても、推しが笑顔でいてくれれば、こちらまで晴れやかな気持ちになる。

清々しい【すがすがしい】
ためらいがなく、さわやかで気持ちがいい様子。
(例) 清々しいほど全力でがんばっている推しを見ていると、「君もがんばれ！」と背中を押されているような気持になるな。

爽やか【さわやか】
さっぱりとしていて、いかにも明快な様。
(例) 笑っている推しの顔を見ると、こっちまでさわやかな気分になるよね。

爽快【そうかい】
さわやかで気持ちのよいこと。またはその様。
(例) 推しがバッタバッタと敵を倒していく姿が爽快で、超楽しい。

涼やか【すずやか】
清々しく、さわやかな感じがする様。
(例) テレビに初登場した推しが、涼やかな表情で動いているところを見て、さらに胸を撃ち抜かれてしまった。

清新【せいしん】
さわやかな印象を与えるほど、新しく、生き生きとしていること。
(例) マンネリ気味のソシャゲ業界に清新の気を吹き込む傑作だ。

痛快【つうかい】
たまらなく愉快で、胸がすくほど気持ちがよい様。
(例) ボケた推しが痛快にツッコまれているのを見ていたら、お腹がよじれるほど笑ってしまった。

光風霽月【こうふうせいげつ】
心にわだかまりもなく、さっぱりとした心境の例え。
(例) 推しは光風霽月で正義感にあふれた人柄だから、私は引かれたのだろうな。

上手い【うまい】

技術的に優れている。また、ことの進め方などが巧みである。

(例)推しキャラの公式イラスト、好きになる要素しかなくて、「うまい……」となってしまった。

上手【じょうず】

ものごとをする手際がよいこと。技術が優れていること。

(例)推しの外国人俳優、すごく日本語が上手でうれしくなった。

巧み【たくみ】

美しいものをつくり出す技や働き。

(例)シナリオを読み返していたら、非常に巧みな構成をしていることに気づいた。こりゃ好きになるわ。

巧妙【こうみょう】

非常に巧みであること。その様。

(例)先輩に旅行のお土産(みやげ)をもらったけど、そこから先輩の推しの話につき合わされた。巧妙な罠(わな)……!

お家芸【おいえげい】

その人が最も得意とすることがら。

(例)推し活で慣れてるしプレゼンは私のお家芸だよ!

十八番【おはこ】

その人の一番得意とすること。おはこ。得意の芸。

(例)推しの物まねなら任せて。十八番だから。普段から脳内で推しをシミュレートしてるから。完璧にやってみせるから。

お手の物【おてのもの】

得意とするもの。慣れていて簡単にできることがら。

(例)推しのいいところを10個挙げる? そんなのお手の物よ。100個でもいいよ。

専売特許【せんばいとっきょ】

その人だけが得意とする技術や方法。特技。

(例)一発で推しキャラを布教するのはあの人の専売特許だから。あの技はすごいと思う……。

堪能【たんのう】

深くその道に通じていること。またはそのような人、その様。

（例）推しが英語に堪能なキャラなので、自然と私も英語を勉強し始めた。今では海外のオタクにも推しを布教しています。

聞き巧者【ききごうしゃ】

聞き方がうまく、相手に十分に話させることができる人。またはその様。

（例）気づくと推しについて3時間も喋（しゃべ）っていた。めちゃくちゃ聞き巧者じゃん！

見巧者【みごうしゃ】

見方の上手な人。ものを見慣れている人。

（例）彼女が推すキャラは脇役が多いんだけど、見巧者なのかわずかな情報からよいところを見つけ出してきてすごいなと思う。見習いたい。

仕事師【しごとし】

事業を計画、経営するのが非常に巧みな人。やりて。

（例）友人が仕事師のようにスケジューリングしてくれて、初めて二次創作の即売会にサークル参加することができた。めっちゃ厳しかったけど。

有能【ゆうのう】

才能のあること。またその様。

（例）何も言ってないのに私の好きなシチュで推しのイラストを描いてくれた友人、とても有能。

器用【きよう】

体を思うように動かし、芸事・工作などをうまくこなすこと。また要領よくものごとを処理すること。

（例）後輩が見たことのない推しグッズをもっていたので、どこで手に入れたのか聞いてみると、自作らしい。器用だなあ。

多芸【たげい】

多くの技芸、技能をもっていること。その様。

（例）自作推しグッズをいろいろつくっていると聞き部屋に遊びに行ったら、とても美味しい手料理までふるまってくれてその多芸さに恐れおののいた。

敏腕【びんわん】

ものごとを正確に素早く処理する手腕のあること。またはその様。腕利き。

（例）停滞した話を、推しが出てきてきれいにまとめて解決。敏腕！

腕前【うでまえ】
ものごとをうまくやりこなす技術や能力。技量。
（例）演技派で顔もよくて、料理の腕前までプロ級ってマジなんなの!? 好き。

玄人跣【くろうとはだし】
専門家が驚くほど、素人が技芸や学問に優れていること。
（例）中学生が描いた推しのイラストがすさまじく出来がよくて信じられない。玄人はだしのクオリティじゃん……私よりはるかにうまい。

素人離れ【しろうとばなれ】
素人らしくなく、専門家のように優れてうまいこと。
（例）推しキャラのシナリオについて、後輩が素人離れした批評をしていて驚いた。プロになれるんじゃないの!?

手練【てだれ】
熟練した手際。磨き上げた腕前。慣れた手際。
（例）数あるグッズのなかから推しキャラを見分けるあの動き……手練に違いない。

達者【たっしゃ】
その道を極めた優れた人。達人。
（例）先輩が推しのよさを一言で表現していて、達者！というほかなかった。

COLUMN

玄人が職人の理由

玄という漢字をよく見てほしい。幺の上に一と、がある。糸の先端がわずかに線の上にのぞいている状態だ。そこに普通はわからない道理が隠れていることを表しているという説がある。その道理がわかるのが玄人なのだ。

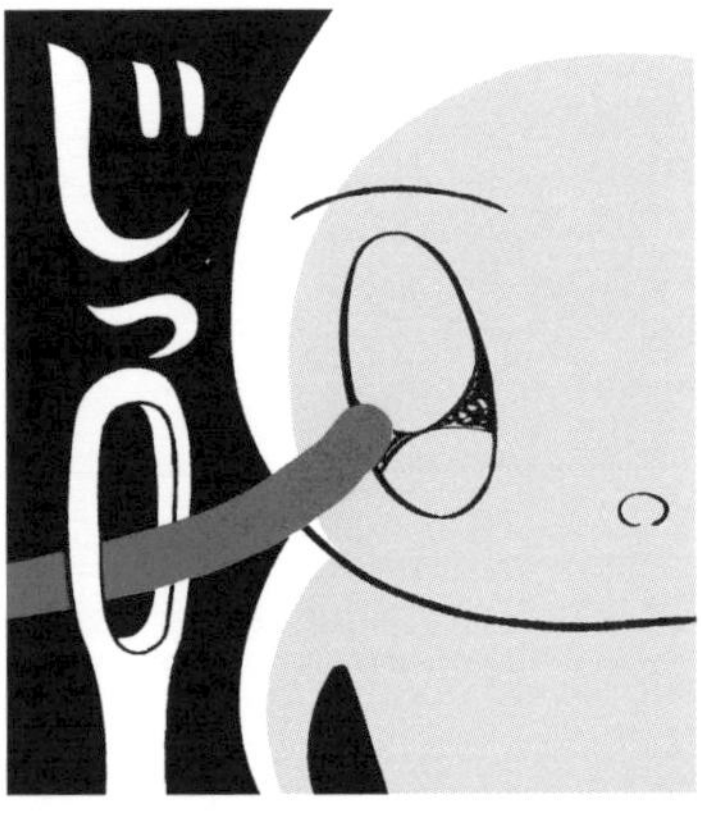

熟練【じゅくれん】
ものごとによく慣れて、手際よく上手にできること。その様。
（例）推しイラストを描く時間が徐々に短くなっていて、愛情が減ったのかと思ったけど熟練を遂げただけなのかもしれない。

円熟【えんじゅく】
人格、技術、知識などが円満に発達して豊かな内容をもつこと。
（例）若手といっても芸歴は長いからね、そりゃあ演技が円熟の域に達しているのも当然よ。

練達【れんたつ】
ものごとに習熟していて、それによく通じていること。その様。
（例）新幹線の何がロマンがあるって、あの先端のノーズの部分を練達の職人が一つひとつつくってるところだよな。

優秀【ゆうしゅう】
非常に優れていること。その様。
（例）あー、だめ。推しキャラの顔が優秀すぎる。好きになるしかない。

精鋭【せいえい】
優れた鋭い力をもった人やもの。
（例）公式のわずかな匂わせから、すぐさま推しの情報だと気づく。われわれは精鋭なので。くぐってる修羅場の数が違うのさ……！

腕扱き【うでこき】
腕力や技量が優れていること。またその人。
（例）推しのコスプレ衣装をつくりたいと相談したら、腕こきの衣装製作者を紹介してくれた。

テクニシャン【てくにしゃん】
高度の技術や技巧をもった人。技巧派。
（例）公式イラストレーターさん、推しのわずかな表情の描き分けがすごい、テクニシャンにすぎる。

プロ【ぷろ】
プロフェッショナルの略。あるものごとを職業として行い、生計を立てている人のこと。
（例）推しの実写化の際、キャスティングされた俳優さんが、推しについてとことんまで調べたと言っていて、プロとしての仕事を見た気がする。

エキスパート【えきすぱあと】
ある分野で十分な経験を積み、

高度な技術や知識をもっている人のこと。専門家。

(例) もの探しのエキスパートである友人に頼めば、見つからないと思っていた推しグッズも必ず手に入れてくれる。

スペシャリスト【すぺしゃりすと】

特定の分野を専門にする人。特殊な技術や技能を持っている人。

(例) 子どもから大人まで演じ分けるあの声優は、まさにスペシャリストというにふさわしい。

オーソリティ【おおそりてぃ】

専門の道に通じて実力をもつ人。第一人者。

(例) 推しについて知らないことは何もないのでは?と言われたけど、私なんてまだまだ。推しのオーソリティで有名な人がいますので。

ゼネラリスト【ぜねらりすと】

さまざまな分野の知識や能力をもっている人。ジェネラリストとも。

(例) アニメでも鉄道でも歴史でも、どんなネタをふっても完璧に拾ってくれるうちの推しの知識量は、ゼネラリストというにふさわしいと思う。

オールマイティ【おおるまいてぃ】

なんでも完全にできること。またそういう人や、その様。全能。

(例) 運動も勉強もできて顔もいいし、人への気配りまでできる推しはオールマイティな超人では?

精魂【せいこん】

たましい。精神。

(例) 精魂込めて作業した推しコスプレ衣装が、ようやく完成して感動がこみ上げてきた。半年かかったけどそのかいはあった。

精華【せいか】

そのものの本質を表す、最も優れている点。神髄。本物。

(例) 推しの精華はその優しさにあると思う。普段は言葉が少なくてぶっきらぼうだけど……だからこそそこが輝くんだよ。

精粋【せいすい】

緻密で美しく、まじりけのないこと。選び抜かれた優れたもの。

(例) 推しの情熱は非常に精粋な

ものだ。そこに打算や計算は見えない。

精髄【せいずい】
ものごとの本質を成す最も重要な部分。ものごとの最も奥深い大切なところ。
(例) シナリオライターが代わったのか、最近アニメ版がいい感じ。原作世界観の精髄を完璧につかんでいる！

匠【たくみ】
優れた技術をもつ人。学問や芸術で一家を成す人。
(例) この作家の生み出すキャラ、全員すごく好みに合う。匠か？推しキャラを生み出す匠なのか？

画伯【がはく】
絵画の道に優れた人。画家の敬称としても使われる。
(例) あのイラストレーターは推しのイラストをイメージ以上にすばらしく仕上げてくれるので、心のなかで画伯と呼んでいる。

画聖【がせい】
非常に優れた画家。画仙。
(例) このイラストすばらしすぎでは？ これは画伯……いや、もはや画聖といっていいレベル。みんなに教えなきゃ。

楽聖【がくせい】
極めて優れた音楽家。
(例) 推しのキャラソンがめちゃくちゃよい。曲を書いたのは楽聖か？

見ごたえ【みごたえ】
見るだけの価値があること。
(例) 推しの二次創作マンガがアップされたけど、ページ数が3けたを超えている……見ごたえあるなあ。

雄勁【ゆうけい】
書画、詩文などに力がみなぎっていること。また、その様。
(例) この一文、非常に雄勁で、キャラクターの心の動きまで手に取るようにわかる。

雄渾【ゆうこん】
雄大で勢いのよいこと。書画の筆勢や詩文が力強くよどみのないこと。またはその様。
(例) 気のせいか？ 推しのセリ

フになると筆致が雄渾になって、ほかの部分より勢いがある気がする……。

神【かみ】

非常に優れた才能や技術をもつ人。助けられたり、恩恵を受けたりするありがたい人やもの。俗に、非常に優れている様子。

(例) 推しのキャラ設定をつくった人、イラストを描いた人、声をあてた人、控えめに言って神。たくさんの神で推しはできている。

神に入る【しんにいる】

技術などが非常に優れていて、人間の仕業とは思えない境地にあること。

(例) この推しのイラスト、神に入ってまるで本当に生きているように見える。

神業【かみわざ】

神の仕業。また、そのような超人的な技術や行為。神技。

(例) アニメよりも原作がいいに決まってるって思ってたけど、この作品に限っては同等のよさがある。演出の神業が光ってる。

神髄【しんずい】

そのものの本質。その道の奥義。

(例) このイラストレーターさんの神髄は、淡い色づかいにあると思う。

人間業とは思えない【にんげんわざとはおもえない】

人の能力が、凡人とはかけ離れている様。

(例) 推しのイラストレーターさんがライブドローイングやっていたけど、無から一つの世界が生まれてくる様子を見ていると、とても人間業とは思えなかった。

神韻【しんいん】

芸術作品、あるいは人格などに感じられる、優れたおもむき。

(例) この作品はシリーズ一の傑作だと思う。ストーリーもキャラクターも神韻にあふれている。

入神【にゅうしん】

技術が非常に上達し、人間業とは思えない領域に達すること。技術が神業に近いこと。

(例) 推しが好きすぎてイラストを描き始めたけど、入神状態になってきた。自画自賛だけどうますぎる。これが愛の力か。翌日見ると大したことないな……ってなるけど。

具眼【ぐがん】
ものごとの是非や善悪を判断し、本質を見抜く見識をもっていること。
（例）さすが大物同人作家さん。あのささいな行動にこんな意味を見出すとは、その具眼に敬服する。

生き神様【いきがみさま】
人間の形でこの世に現れている神。教祖などを尊んで言う。または神のような崇高な心をもった徳の高い人。
（例）推しに出会う前は毎日死にそうな顔をして疲れて生きていたので、推しを教えてくれた友人を、心の中でひそかに生き神様と崇めている。過言ではなく私の人生を救ってくれた。

生き仏【いきぼとけ】
生きたまま仏としてあがめられる人。また、仏のような心をもった徳のある人。
（例）無料でこんなにファンサしてもらっていいのか？　推しは生き仏だったのか。

天才【てんさい】

天性の才能。生まれつき備わっている、普通の人とはかけ離れた優れた才能。またはその才能をもっている人。
（例）このドラマの脚本家さん、天才すぎない？　まさか序盤のシーンにそんな伏線が仕込まれてるとは思わないじゃん。

天賦【てんぷ】
天から賦与されたもの。生まれつきの資質。
（例）推しは人に好かれる天賦の才能をもっていると思う。あの子を嫌いだって言う人は見かけたことないもん。

万能【ばんのう】
あらゆることに優れていること。なんでもできること。いろいろなことに巧みなこと。また、その様。
（例）演技は完璧、歌もお任せ、ファンとのコミュニケーションもそつなくこなす。その上でイラスト方面にも造詣があるとか、万能すぎないか？

麒麟児【きりんじ】
才能や技芸にとくに優れた、将

来性のある若者。神童。
(例) 美麗なイラストを描く絵師さんが「今年高校受験です」って書いてるのを見て、麒麟児じゃん……って真顔になった。

神童【しんどう】
才知のきわめて優れている子ども。非凡な才能をもつ子ども。
(例) 推しは昔から神童と呼ばれていたらしい。今の華やかな姿を見ていればそれも納得だ。

鳳雛【ほうすう】
伝説の神鳥である鳳凰のひな。転じて、年若い英才のこと。将来を有望視されている若者。麒麟児。
(例) ゲームの腕がプロ並みの配信者を見つけたんだけど、まだ小学生らしい。まさに鳳雛。

逸材【いつざい】
人並み以上に優れた才能。また、その人物。
(例) 会社の先輩が何気なく描いた落書きを見たら、相当なポテンシャルを秘めていることに気づいた。これは思わぬ逸材を見つけたかもしれない。

逸物【いちもつ】
多くのもののなかでとくに優れているもの。人間にも使うが、馬や犬などの動物に対して使う場合が多い。いちぶつ、いつぶつとも読む。
(例) 近所に犬を飼っている人は多いけど、やっぱりうちの子が逸物なんだよなぁ。毛なみつやつやだし、私の言うことがわかるくらい頭いいもん。

穎脱【えいだつ】
才能が、群を抜いて優れていること。袋に包んだ錐(きり)の穂先が自然と突き出るという『史記』「平原君伝(へいげんくんでん)」の故事より。
(例) 偶然あのイラストレーターが中学生のときに描いた絵を見る機会があったのだけど、明らかに穎脱していた。

臥龍【がりゅ(よ)う】
優れた能力をもちながら、世間に知られていない人物。諸葛孔明を「すごい能力をもちながらじっと寝ている龍」に例えた故事から。伏龍とも。
(例) 地下アイドルの時代から、推したちはひと際輝いていた。臥龍というのはあんな人たちをいうんだろうな。

享有【きょうゆう】
権利、才能など無形のものを生まれながらもっていること。
(例) 人目を引きつける天性の華やかさを享有している。

才能【さいのう】
ものごとを巧みになしうる、生まれつきもっている能力。
(例) 推しを愛することについて誰にも負けるつもりはない。これはもう才能と呼んでいいと思う。

才覚【さいかく】
素早く頭を働かせてものごとに対応する能力。知恵の働き。機転。
(例) コネも金もないところから、才覚一つでこの業界の重鎮(じゅうちん)にのし上がったあの人の半生を聞いたときには体が震えたよ。

才幹【さいかん】
ものごとを成し遂げる知恵や能力。手腕。
(例) 事務所にも所属せずに、セルフプロデュースであそこまで有名になるなんて! まれにみる才幹だよな。

才人【さいじん】
学問や詩文に優れた才能のある人。
(例) 自分の好きなものについて語る彼女の生配信を見ていると、才人だなと感じる。言葉選びが巧みすぎて、歌を聴いているみたいな気持ちになる。

鬼才【きさい】
人間とは思えないほどの優れた才能。またそのもち主。
(例) このストーリーの発想は鬼才のそれだ。まるで展開が読めない。

期待の星【きたいのほし】
今後、活躍や発展が予想される人やものごと。
(例) このキャラ、カップリングもしやすそうだし、同人界隈の期待の星だな!

ホープ【ほおぷ】
将来を期待されている人。希望を託されている人。有望な新人。
(例) 新章開始直後にものすごく魅力的なキャラが出てきた。このマンガのホープだね。

新鋭【しんえい】
その分野、方面に新しく現れた

勢いが鋭くさかんな人。
(例) 作家デビューと同時に動画配信デビューするとは、かなりの新鋭だ。

成長株【せいちょうかぶ】
将来にわたって利益の伸びが見こめる会社の株。転じて、将来の成功が期待できるような人や企業のこと。
(例) このシナリオライターは成長株だから、新作アニメにはかなり期待できるよ。

草分け【くさわけ】
あるものごとを初めて行うこと。また、その人。創始者。
(例) 彼女はこのジャンルの草分け的な存在……私たちにとって神と言っても過言ではない。

先駆者【せんくしゃ】
ほかに先駆けてものごとを始める人。パイオニア。
(例) 同人ゲームからアニメ化という道を切り開いた先駆者。

パイオニア【ぱいおにあ】
ほかに先駆けてものごとを始める人。先駆者。
(例)「グッズがないならつくればいい」と言い出した彼女は、まさにパイオニアだ。

旗手【きしゅ】
ものごとの中心になって活躍する人。
(例) あの作家は日本国内よりもむしろ国外でオタク文化の旗手として注目されている。

急先鋒【きゅうせんぽう】
先頭に立って勢いよく活動すること。また、その人。
(例) その歌唱力で彼はアニソン界の急先鋒となった。

一番槍【いちばんやり】
最初に功名を立てること。また、その人。
(例) 推しのグッズ販売開始日にはショップへの一番槍をいただきました!

開拓者【かいたくしゃ】
まだほかの人が手をつけていない領域を切り開き、押し進めてゆく人。
(例) 推しキャラの二次創作はまだ誰も手をつけていない。今なら推しの開拓者になれる!

先覚者【せんかくしゃ】

ほかより先にそのことが大事であることに気づき、実行する人。時代の流れをほかの人より先に察知した人。

(例) 推しが目をつけた無名ゲームがことごとく流行る。この先覚者はいったいどうやってこんなに名作を見つけてこられるのか。

先見【せんけん】

将来どうなるか、あらかじめ見抜くこと。あらかじめ感知すること。

(例) このキャラは絶対に人気が出る、と言った友人の先見はすごい。実際人気が出た。

革命児【かくめいじ】

革命をもたらすような新しい事業や、仕事を成し遂げる人。

(例) 推しキャラについて新しい解釈を提案したあの同人作家さんは、このジャンルでは革命児と呼ばれている。

風雲児【ふううんじ】

機会を捉えて才能を表し、目覚ましい活躍をする人。

(例) 推しキャラを描いたイラストレーターさんがそこからブレイクして業界の風雲児とまで呼ばれるようになった。

頭が良い【あたまがよい】

頭脳明晰(ずのうめいせき)で、ものごとの道理をよくわかっている様子。

(例) このキャラが何を言ってるのかわからなかったけど、ストーリーを進めると理解できた。頭がいいなこのキャラ……。

目から鼻へ抜ける【めからはなへぬける】

頭の回転が速く、抜け目のない様。非常に賢い人をいう。

(例) SNSで伸びる話題にことごとく反応する推しに、目から鼻へ抜けるような鮮やかさを感じた。

目が早い【めがはやい】

目をつけるのが素早い。見つけるのが素早い。

(例) 新作アニメのなかから推しキャラ候補を見つけるのが一瞬すぎて、目が早いと笑われた。

目端が利く【めはしがきく】

その場その場に応じて、よく才知が働く様。機転が利く。

(例) 大好きなアーティストがバラエティに出るので心配していたけど、目端が利くところを見せつけていた。

理知【りち】
理性と知恵。本能や感情に支配されず、ものごとを論理的に考えて判断する能力。
(例) 先輩に対しても、ダメなところはしっかりダメと批判できる、推しの理知にあふれたところにあこがれる。

才気【さいき】
才知の優れた働き。ものごとの動きに対して適当な判断を下せる精神能力。
(例) 才気にあふれる新人たちの登場に危機感を抱いている推しもまたかわいい。

才気煥発【さいきかんぱつ】
頭の働きが速く、活発で目立つこと。
(例) 普段はのんびりしている推しが、得意分野について聞かれたときに見せる、才気煥発な一面も好き。

一を聞いて十を知る【いちをきいてじゅうをしる】
ものごとの一部を聞いただけで、ほかのすべてを理解できる。賢明で察しがよいことの例え。
(例) 一を聞いて十を知るような推しだから、私がもしあの作品の登場人物だったら、大好きなの一発でバレるだろうなぁ。

英明【えいめい】
優れて賢いこと。
(例) あの作家先生はSNSでも立ち回りが非常にうまくて、英明でいらっしゃる。

鋭敏【えいびん】
感覚が鋭いこと。ものごとの理解や判断が素早いこと。
(例) 推しの情報に対しては鋭敏になる。新グッズ? はい買います。ライブイベント? 行きます。

機転【きてん】
ものごとやその場に応じた、機敏な心の働かせ方。
(例) グループのメンバーがミスったときに、推しが機転を利かせて場をつないだの、ほんとに尊い。

聡明【そうめい】
ものごとの理解が素早く賢いこと。また、その様。

（例）聡明で判断力がある推しのような人が会社にいてくれたらなぁ。

冴える【さえる】
腕前や手際が鮮やかで優れている様子。頭の働きがはっきりする、眠気がなくなる。
（例）推しの「がんばって」というボイスのおかげで頭が冴える。

犀利【さいり】
才知が鋭く、ものを見る目が正確である様。
（例）好きな作家さんは犀利な観察眼をもっているため、作品を読むたびに自分の価値観が揺さぶられる思いをする。

全知全能【ぜんちぜんのう】
完全で欠けることのない知能。すべてを理解し、どんなことでも行える能力。
（例）生きているだけで私の活力になっている推し、全知全能では？　本気を出したら世界を救えると思う。

博識【はくしき】
知識が広い分野におよんでいること。広くものごとを知っていること。またその様。
（例）博識な友人から、推しの発言が聖書由来のものだと教えてもらった。

博覧強記【はくらんきょうき】
広く書物を読んで見聞を深めたりなどして、豊かな知識をもっていること。またその様。
（例）おもしろいと思えなかった映画だけど、博覧強記なコラムニストが取り上げていた。意味がわかるとめちゃくちゃおもしろいじゃん！

造詣【ぞうけい】
特定の分野に対する広く深い知識や理解。また、優れた技量。
（例）ものを知らないって言われるけど、推しに対する造詣だけは一流とも言われる。

碩学【せきがく】
修めた学問の広く深いこと。また、その人。
（例）碩学でありながら、知識がなくても楽しめる作品をつくるところがあの作家のすばらしい点だと思う。

思慮深い【しりょぶかい】

ものごとを注意深く考える様。

(例) 思慮深いうえに行動力まであるのほんとずるい。

打てば響く【うてばひびく】

働きかけるとすぐに反応する様。

(例) 切れ味のいいボケに、打てば響くようなツッコミ。

如才ない【じょさいない】

気が利いて抜かりがない。

(例) 如才ない同居人は、私が推しに悶えている際、気配を消してそっとしておいてくれる。

卓見【たっけん】

ものごとを正しく見とおす、優れた意見。

(例) あの小説の一文一文が心に刺さる。作者は卓見のもち主だ。

賢人【けんじん】

知恵があり、行いの優れる人。

(例) 巻き込まれて炎上しかけたときも落ち着いていた推しは、賢人と呼ぶにふさわしい。

高見【こうけん】

立派な意見。また、他人を敬ってその意見に対して用いる。

(例) トップオタであるあなたにご高見を承りたいのですが！

一見識【いちけんしき】

人並み優れた見識。ものごとに対するしっかりした考え。

(例) 推しの独白には一見識が感じられた。あれによって物語が深みをもった。

COLUMN

師事と兄事

すごい技術をもつ人を見かけ、弟子入りを願うこともあるかもしれない。師匠から教えてもらうことは「師事」、兄弟子から教わることは「兄事」という。敬意をこめて、こうした言葉を使いたい。

推し事Q&A

ケース7

Q. **どれだけよさを伝えても、友達がぼくのおすすめ作品を観てくれません。語り合いたいのに！**

A. **プレゼンテーションの仕方を学びましょう。**

プレゼンテーションの仕方を学びましょう。「おすすめ作品」は、映画やドラマでしょうか。意表を突く衝撃的な場面や主人公のおもしろさなど、どうすれば、相手の気を引くようにプレゼンできるかを考えることが必要ですね。

具体的なおもしろさを言葉、身振りなどを使って伝えないと、ただ「おもしろいよ」と言っても誰も興味をもってはくれません。

推し事Q&A

ケース8

Q. SNSで話の合いそうな人を見つけました。からんだことのない相手なので、声をかけるか迷っています。

A. 自分の紹介を始めてみることがいいのではないでしょうか。

人生は、いつも「いきなり」です。もしかしたら相手も声をかけてもらえるのを待っているかもしれません。ただ、いきなり「好き」と言われても相手は困ってしまうでしょう。少しずつ自分の紹介を始めてみることがよいのではないでしょうか。

自分の紹介も、自慢や卑下するような態度ではなく、何に興味があるのか、どういうことをしてきたのか、将来何をしたいのかなど、素直に話していくのがいいと思います。

推し事Q&A

ケース9

Q. 炎上してしまいました。事態をおさめるために、何かできることはないのでしょうか。

A. 素直に「ごめんなさい」と言ってください。

素直に「ごめんなさい」と言ってください。失言は誰だってあるでしょう。まず、言い訳をしないこと。そして、二度と失言をしないように、いつも心を落ち着けていること、よくない言葉を使わないことに気をつけるようにしましょう。人は「言葉」であらゆるものを得、またあらゆるものを失います。

これを機会に、ぜひ、言葉を大切にすることを意識してほしいと思います。真摯な態度で、真摯な言葉で謝罪することが最優先です。

第4章
ネガティブな言葉の言い換え

愛想（あいそ）が悪い

愛想は人に対する対応の仕方のこと。人あたりが悪いという意味。声をかけたときに反応が薄い相手などに使いがち。

媚（こび）を売（う）らない

相手の機嫌をとるためにへつらったりしないこと。「おもねらない」なども似た意味。

自然体（しぜんたい）

気負いのないあるがままの態度のこと。愛想の悪い人は、取り繕わず、ありのままの態度ということもできる。

クール

「冷たい」だけでなく「冷静」「かっこいい」という意味も。おとなしくて、冷たく感じるような人に対して使いたい変換。

辛辣（しんらつ）

言動や意見がきわめて手厳しいこと。他人の意見を「辛辣な批判」などと評すると、愚痴（ぐち）と捉えられてしまう場合もある。

スパイシー

スパイスが効いていて刺激的。味だけでなく「ちょっぴりスパイシーな人」など、性格や態度を形容する言葉としても応用できる。

鋭（するど）い

感覚や頭の働きが優れている様。手痛いけれど賢く抜け目がない意見だと肯定的に捉える変換。

核心（かくしん）をついている

核心とは、ものごとの中心となる大事な部分のこと。的確で鋭いと肯定的に捉える変換。

計画性（けいかくせい）がない

目標に向かって計画を立てることが苦手な様。仕事の進行が遅れているときなどに言われると、厳しい批判と感じる人も。

change 大（おお）らか

ゆったりとして、細かいことにこだわらない様。行動が遅れがちで計画性がないと感じる人に対して使える変換。マイペースなども。

change 対応力（たいおうりょく）がある

状況に応じて行動できること。今を大事にしていると捉える言い換え。

change 行動力（こうどうりょく）がある

積極的に行動を起こす力があること。考えるよりも先に行動してしまうタイプの人に対して使える言い方。

しつこい

うるさくつきまとう様。飽きるほど同じ行動を繰り返す様。似た意味の言葉に「くどい」「粘着質」などがある。

change 粘（ねば）り強（づよ）い

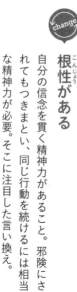

忍耐力がある。根気強い。意見にしつこく食い下がってくる人は、粘り強い交渉ができると捉えることもできる。

change 根性（こんじょう）がある

自分の信念を貫く精神力があること。邪険にされてもつきまとい、同じ行動を続けるには相当な精神力が必要。そこに注目した言い換え。

change メンタルが強（つよ）い

何があっても心が折れることなく、立ち向かえる精神力があること。

存在感がない

印象が薄い。影が薄い。目立たない。「キャストの中でも彼はひときわ存在感がない」など、ネガティブな意味で使われることが多い。

縁の下の力持ち

人の目につかないところで、他人を支える努力をすること。目立たなくとも役割をしっかり果たしていることに着目した言い方。

空気が読める

場の雰囲気から状況を察する能力が高いこと。目立たないのは、場を壊さず、相手に不快感を与えないからだと捉えた変換。

協調性がある

協調とは立場の違う人間がゆずりあって協力すること。

思い込みが激しい

思い込みは深く信じ込むこと。激しいはその程度が強いこと。根拠がないのに信じている場合などに使われることが多い。

想像力豊か

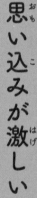

実際には経験していないことをこうではないかと想像する能力が高いこと。

用心深い

危険な目にあわないよう慎重に考えること。ネガティブな思い込みをする人を、先々の危険によく気づく人と捉えた言い換え。

謙虚

自分のスキルや肩書などにうぬぼれず、控えめな態度でいること。自信のなさからネガティブな思い込みにとらわれている人に。

無遠慮（ぶえんりょ）

気がねせず好き勝手に振る舞う行儀の悪い様子。仲間の中で一人だけ、空気が読めず、思慮に欠けた行動をとったときに使う。

change

フランクな

友好的である様。親しみやすい様。無遠慮に距離を詰めてくる人に対して使える言い換え。距離の詰め方が不快でない場合に有効。

change

自由（じゆう）

意のままに振る舞うこと。気ままな行動を、好意的に受け止める言い方。

change

無邪気（むじゃき）

悪意やひねくれた気持ちがないこと。場違いな発言も、擦れていないから出てきた言葉だと好意的に捉える言い換え。

理屈（りくつ）っぽい

なぜ、そうなるかという理由を理づめで、堅苦しく説明する状況を示す。がんこで、人の意見を取り入れない印象がある。

change

知的（ちてき）

知性が感じられる様。理屈や論理をわかりやすく伝えることができる人に使いたい言葉。

change

計画性（けいかくせい）がある

あらかじめ手順・工程などを考えておける能力があること。思いつきの意見に対して、合理的な判断でストップをかける人などに。

change

エスプリに富（と）んだ

エスプリは才知や機知くらいの意味。教養豊富で気の利いた言い回しができる人に使いたい言葉。

無気力（むきりょく）

前向きに何かを行う意志がないこと。アドバイスや励ましが届かず、とりつくしまもなく、周囲を心配させる雰囲気がある。

change

マイペース

ものごとを自分に合った速度・方法で解決すること。一見、のんびりして見えるが、じつは本人なりの計画のある人などに使おう。

change

肩（かた）の力（ちから）が抜（ぬ）けている

力まずゆったり構えていること。余裕をもって目的に向かって進んでいる姿勢を尊重した言い回し。

change

虎視眈眈（こしたんたん）

油断なくじっと機会を狙っている様。行動を起こしていないのを準備期間と捉えた変換。

流行（りゅうこう）に疎（うと）い

世間のはやりに対する知識や理解が不十分であること。時代遅れ、センスが古臭いなどと同じような意味で使われることも多い。

change

伝統（でんとう）を大切（たいせつ）にする

伝統は社会や民族が継承してきた文化・技術などのこと。新しいものを取り入れないということは、古いものを大事にするとも捉えられるので。

change

独立独歩（どくりつどっぽ）

他人に頼らず、自分の信じるところに従って行動すること。流行やトレンドを気にせず自分の価値観を基準に行動する人も、ある意味独立独歩といえる。「わが道を行く」、「ゴーイングマイウェー」などの言葉も似たような意味で使える。

八方美人（はっぽうびじん）

誰からも嫌われないように、如才なく振る舞うこと。誰にでもいい顔をする軽薄な人だと、非難の意味を込めて使うことが多い。

コミュ力が高い（たかい）

コミュ力はコミュニケーション能力の略。社会生活において、円滑な意思疎通が行えること。軽薄な表現に感じる人もいるので注意。

分け隔てない（わけへだてない）

偏見をもたず、どんな立場、考えの人とでもよい関係を築くこと。

公正（こうせい）

公平で偏っていないこと。双方に同じように接することに着目した言い換え。中立、両者の言い分を聞く、なども近い使い方ができる。

優柔不断（ゆうじゅうふだん）

ものごとの判断に迷ったり、悩んだり、決断に時間がかかること。長い時間、待たされているときなどに使いがち。

優しい（やさしい）

思いやりの心がこもっている様。穏やかで好感がもてる様。決断できないところを、人を傷つけられない人と捉えた変換。

思慮深い（しりょぶかい）

ものごとを注意深く十分に考える様。判断に時間がかかるのを、注意深いからだと好意的に受け止めた言い換え。

根気強い（こんきづよい）

ものごとをやりとおす気力。投げやりにならず、じっくり検討できる気力に着目。

【た行】

【さ行】

五十音順さくいん

【監修者】
山口謠司 （やまぐち・ようじ）

大東文化大学文学部中国文学科教授。中国山東大学客員教授。博士（中国学）。1963年長崎県生まれ。大東文化大学文学部卒業後、同大学院、フランス国立高等研究院人文科学研究所大学院に学ぶ。ケンブリッジ大学東洋学部共同研究員などを経て、現職。専門は、文献学、日本語史など。ベストセラーとなった『語彙力がないまま社会人になってしまった人へ』（ワニブックス）や『心とカラダを整える おとなのための１分音読』（自由国民社）、『文豪たちの美味しいことば』（海竜社）など著書多数。

【マンガ・イラスト】
じじぃ

『人生は深いな』（KADOKAWA）発売中。
Twitterアカウント：@mochimochi__i

【スタッフ】

編集協力	遠藤昭徳・川崎友里恵（クリエイティブ・スイート）
執筆	木田肇、柚木崎寿久（オフィスゆきざき）、 さくたろう・川瀬ゆう（ソラリス）、小原優、 真代屋秀晃・石津智章・仮名（TEAMマシロヤ）
装丁	井上祥邦（yockdesign）
本文デザイン・DTP	大槻亜衣（クリエイティブ・スイート）

【参考書籍】
『美しい日本語の辞典』小学館国語辞典編集部 編（小学館）
『感情ことば選び辞典』学研辞典編集部 編（学研プラス）
『慣用句・故事ことわざ・四字熟語 使いさばき辞典』東京書籍編集部 編（東京書籍）
『日本の作家 名表現辞典』中村明 著（岩波書店）
『感情表現辞典』中村明 著（東京堂出版）
『I Love Youの訳し方』望月竜馬 著（雷鳥社）
『ほめことばの事典』榛谷泰明 編（白水社）
『文豪たちのラブレター』別冊宝島編集部 編（宝島社）
『語彙力がないまま社会人になってしまった人へ』山口謠司 著（ワニブックス）
『炎上案件 明治／大正 ドロドロ文豪史』山口謠司 著（集英社インターナショナル）
『一字違いの語彙力 肝に命じる？肝に銘じる？弱冠？若冠？』山口謠司 著（さくら舎）
『文豪の凄い語彙力』山口謠司 著（新潮社）
ほか多数。

巧みな単語で「好き」を拡散！
推しことば類語辞典

発行日	2021年9月13日　初版発行 2024年8月10日　第2版発行
発行人	笠倉伸夫
編集人	新居美由紀
発行所	株式会社笠倉出版社 〒110-8625 東京都台東区東上野2-8-7 営業・広告　0120-984-164
印刷・製本	株式会社光邦

ISBN 978-4-7730-6137-6
乱丁・落丁本はお取り替えいたします